小さな違いが、大きく化ける！

「当たり前」を疑う産品づくり・まちおこし

——北村森のモノめぐり

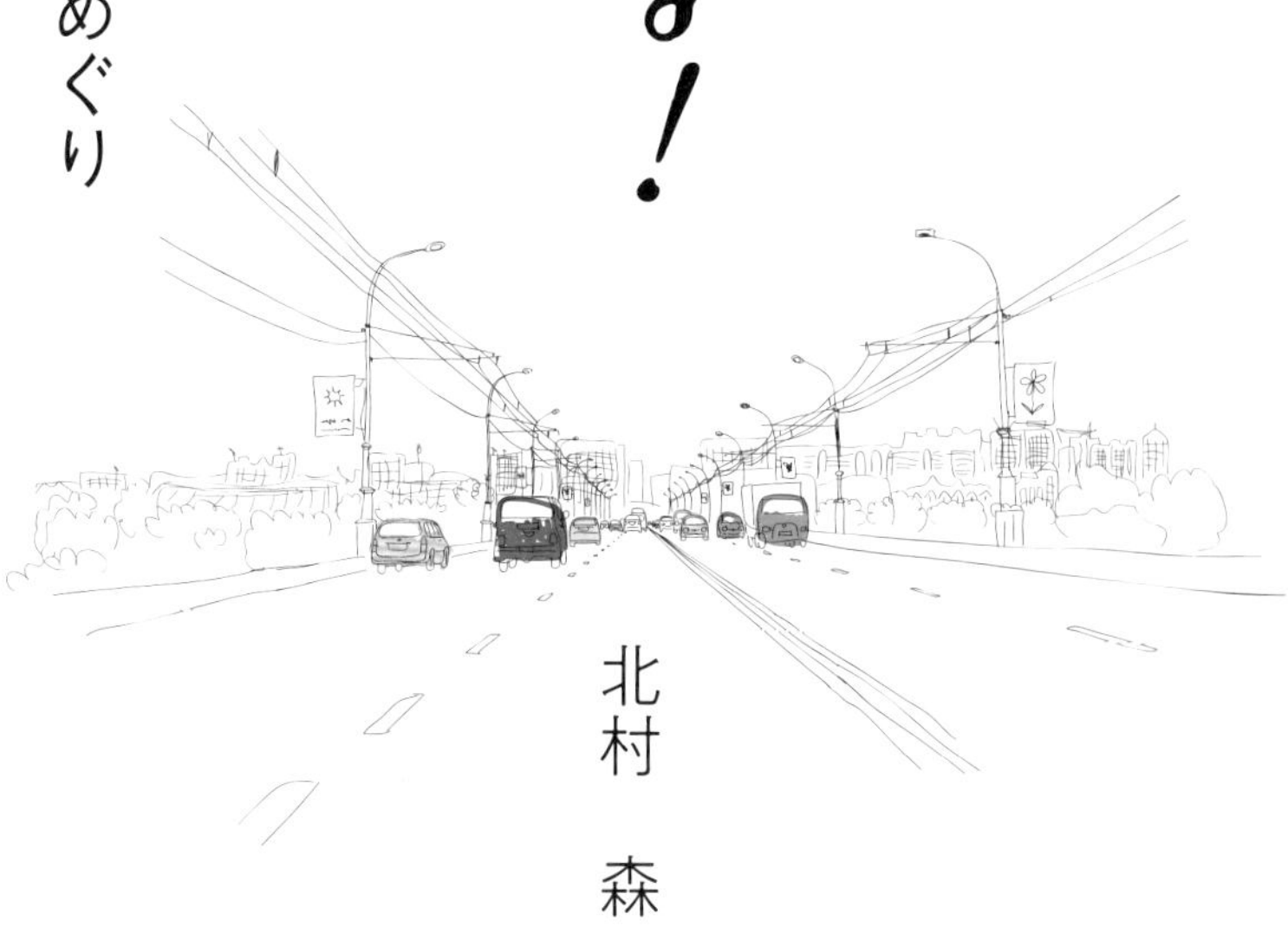

北村 森

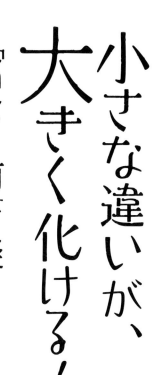

TRINUS（トリナス）の花色鉛筆

モノもアイデアも人もめぐる

この一冊をお手に取ってくださり、ありがとうございます。本書は、中日新聞／東京新聞／北陸中日新聞の毎週木曜朝刊の生活面で連載している「北村森のモノめぐり」のなかから、これはという記事をピックアップしています。連載が始まったのは２０１８年です。全国各地できらりと光る商品（なかには海外の話もあります）を選りすぐって、執筆を続けてきました。

食の分野から生活小物まで、さまざまなモノにご興味をお持ちのあなたにぜひお読みいただければと思うとともに、実は、こんなあなたにも本書をお届けしたいと願っています。

それは、地域で商品づくりや地域ブランディングに奮闘しているあなたです。事業を営んでいたり、商品づくりを手がける部署にいらしたり、あるいは行政機関やその外郭団体などで仕事をなさっていたり、という皆さん、どうか最後まで、ページをめくってください。

それはどうしてか。私は全国をめぐって商品の取材を続けるほか、大学教員として地域発となる商品の開発や、地域そのものの魅力発掘に取り組んでいます。商業施設の立ち上げにも複数参画してきました。つまり、取材者であると同時に、実践を重ねてきた立場にもあります。

そうした仕事に携わっていると、疑問に感じることがだんだんと増えてきました。商品づくりや地域ブランディングに欠かせない要素として当たり前のように認識されていることのなかには、実際には大間違いで、かえって迷いを生じさせるような考え方が数々潜んでいるんじゃないかと。

たとえば、「商品や地域の『物語』を伝えていかないとヒットはおぼつかない」というのは本当なのか。また、「すでにある商品などとの『差別化』を目指す作業こそが絶対に必要だ」と信じ切っていいのか。

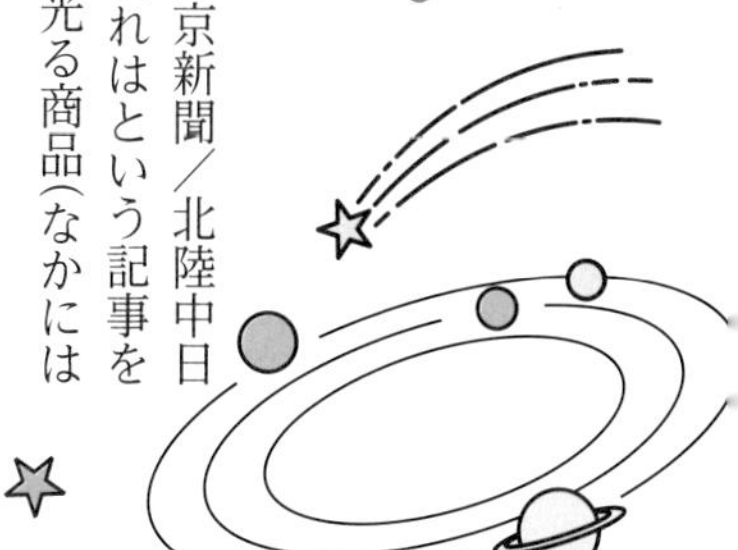

どちらも、地域からの商品づくりやブランディングを実行するうえで、疑いようのないほどに定着している話で、「物語」も「差別化」も、行政機関などの会議に出席すると、まず登場する言葉です。

でもこれ、果たして合っているのでしょうか。ひょっとして、商品開発や地域おこしの現場で「物語を編まないとだめ」とか「差別化を果たせなかったら失敗する」という前提にがんじがらめになり、議論が空回りしてしまった経験が、あなたにはありませんか。

私はある時、気付きました。両方とも違うんじゃないか。そこにこだわっている限り話は進まず、地域発のさまざまなプロジェクトが袋小路に入り込んでいるんじゃないか。

だったらどうすればよいのか。本書は6章で構成し、それぞれの章の始まりで、私なりの打開策、処方箋を示しています。成功と失敗の分岐点はどこにあるかを、これまでの取材と実践の両方を続けてきた経験を基に、しっかりと整理したうえであなたに伝えたい、そう考えました。だから、商品づくりや地域ブランディングに困ってしまったその日に、この一冊を開いていただきたいのです。

さて、ここまで何度となく、私は「あなた」という言葉を用いて、このまえがきをつづってきました。これには2つの意味を込めています。

まず、1つめ。マーケティングの現場では、商品なり地域なりをどんなターゲットに向けて発信するかがしばしば問われます。でも、そこが難しいところです。よく見られるのは、仮想のターゲット像をつくり上げていく手法でしょう。たとえば、「東京都世田谷区に暮らす35歳の女性で、家族は4人、世帯年収はこれくらいで、趣味はこんな」といった感じです。こうした仮想ターゲットのことを専門用語で「ペルソナ」といいます。まあ確かに、ターゲットがあいまいなままよりはよほど有効な方法だとは思いますが、私はときどき「こうしてペルソナを想起することって、どこまで正しいのかなあ」と感じます。

地域発のブランディングで現場にいると、なおのことです。もっと端的、もっと明快に「こんなあなた」と言い切ってしまっていいのでは、という話。たとえば「ひと皿の料理のためにも500㎞の大移動や出費もいとわないあなた」というくらい絞り込むほうが迷いは生じないはず、と私は思います。実際に地域発のブランディングプロジェクトに加わる場面で私は、「どんなあなたに伝えるか」を、せいぜい一言二言で表現するように努めています。だから、本書をまとめるにあたっても同じように、「この一冊を届けたいあなた」を強く意識しています。

2つめ。この連載コラムに携わる、まさに第1回で、私は「あなた」という3文字を大事に考えながら原稿をまとめていました。ここでその全文を引用しておきます。

#モノがあなたに届くまで
人から人へ　思いを乗せて

はじめまして。第1回はコラムのタイトルが、なぜ「モノめぐり」なのかお話しします。
商品とは、その開発の初めから、携わる人の手の間をめぐってゆくものです。たとえば、岐阜県の関市といえば、刃物の生産で知られた地ですね。私がすごいと思った商品に、三星刃物の「和《なごみ》チーズナイフ」があります。8640円と高価ですが、軟らかくても硬くてもチーズなら難なく切れます。ありそうでなかったナイフです。

関では、加工中のモノが文字通り町をめぐります。箱に入った部材が、順に各町工場へ運ばれていく。ある工場では刃を付け、次の工場では柄を付け…といった具合。そして、最後に箱が行きつく町工場で完成を見ます。町をめぐりながらモノは生まれます。

「アイデア」もめぐります。東京のベンチャー企業「TRINUS(トリナス)」は、各地の企業に眠る技術を発掘し、多くのデザイナーに紹介します。デザイナーは、めぐってきた技術を商品づくりに結び付けます。

トリナスの「花色鉛筆」=2ページの写真=は1944円もします。ですが、芯も軸も日本の花の色を再現。鉛筆を削ると、削りかすが花びらのように美しい。地方の会社が古紙から素材を開発したものの、その技術を持て余していた。デザイナーが鉛筆に使おうと突破口を開き、かれんな鉛筆が生まれました。

こうして、めぐりめぐってモノはあなたの元へ届きます。輝いているモノには「あなたに届けたい」という思いが込められています。そんな物語をつづります。

以上が連載第1回でした。ここで取り上げた「和チーズナイフ」も「花色鉛筆」も、どのような「あなた」に向けて開発に力を注いだ商品なのかが、極めてくっきりはっきりしています。ナイフのほうは硬軟さまざまなチーズを切るのに困っているけれど仕方ないと諦めてしまっているあなたであり、鉛筆のほうは文具に楽しさと驚きを見いだしたいあなたでしょう。

モノをつくるあなたがいて、それを消費者の元へと運ぶあなたもいます。最後はその存在に気付いて手に取るあなた、ですね。本書はそんなすべてのあなたを意識してまとめた一冊です。

商品づくりや地域ブランディングにおいてはほかならぬ「あなた」を意識するのが大事、と私にいち早く示唆をもたらしてくれたのは、中日新聞生活部の三浦耕喜さんでした。大企業の商品に限らず、各地の中堅中小企業によるヒット商品を含めて見渡しても、「あなた」の位置付けが鮮明なものほど反響があるのでは、というのが、三浦さんの分析でした。そんな彼がこの連載を立ち上げて、今も担当を続けてくれています。連載のデスクは平井一敏さんで、的確な指南役です。そして書籍化を提案し、粘り強く編集を進めてくれたのは出版部の田中玲子さん。このチームメンバーの手で、あなたに本書をお届けすることができました。

それではここから、全国に根付いている優れたモノをめぐりつつ、どうすればそうしたモノを生み出せるのか、一緒にじっくりと考えていきましょう。

目次

本書は、2018年9月からの中日新聞・東京新聞連載コラム「北村森のモノめぐり」を加筆・再構成したもので、2022年12月22日までの掲載分から抜粋し収録しました。企業名・商品名・金額などは原則、取材当時のものです。

第1章 ハモの骨はすべて抜ける

～「当たり前」を疑う先に…

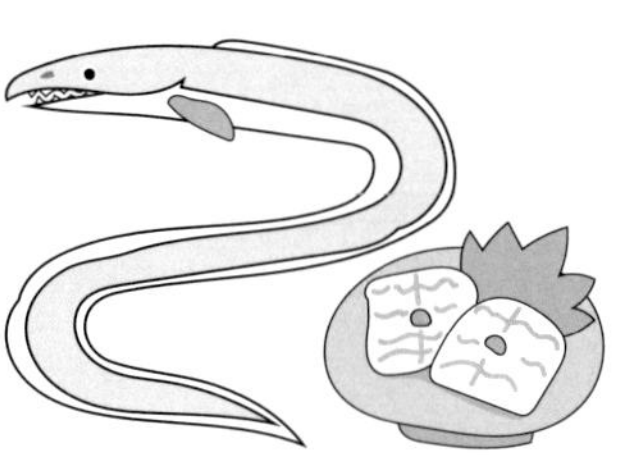

この一冊を通して、私から皆さんにお伝えしたいことがあります。それは「日本、いや世界を代表するようなクリエイターやプランナーでなくても、また、大都市圏の有名どころの企業からでなくても、ヒット商品を創出することはできる」という話です。本書ではそんな事例を数々取り上げています。

でも、「一体どうやって？」と思われる方は多いでしょう。消費者の心に刺さるような商品をモノにしようと思い立っても、そもそも「何から始めればいいのか？」と、最初の時点で困ってしまうというケースも少なくないのではないか、と想像します。

ぜひ、ここから一緒に考えていきましょう。鬼才と称されるような存在でない、ごく普通の方がヒット商品を完成させるに至った道のりをたどることで、必ず糸口は見えてきますから。

この第1章で紹介する事例には、「最初に何からやればいいのか？」の答えがふんだんに隠されています。その答えを端的に表現すると、2つに集約されると私は考えます。

「『当たり前』を疑う」

「違和感を見逃さない」

天才的なひらめきを得られなくたっていい、と私は思っています。そんなひらめきなんて、そうそう降りてくるものではありません。卓越した発想力がないと強い商品はつくり上げられないというわけでは、決してないのです。繰り返しになりますが、ヒット商品はえてして普通の方の手で生み出されています。

では、『「当たり前」を疑う』とはどういうことなのか。業界の常識だけでなくて、ほとんどの消費者がそんなものだと決めてかかっているところに斬り込むという話です。実際の例を見ていきましょうか。

23ページと31ページで取り上げる愛媛県のハモの例など、まさにそうです。ハモといえば、数ミリ単位で細かく包丁を入れていき骨を刻む「骨切り」が、一般的な調理手法です。小骨が多くて食べづらい魚であり、今から百年ほど前に骨切りという方法をある料理人が編み出してからは、もう疑うことのない感じで、どの料理人もそうしていたわけです。

ただし考えてみれば、骨切りするとうまみは逃げます。食感だって違ってきます。愛媛で和食店を営む一人の料理人は、そこに疑問を持った。で、ごく若い時分に師匠から教わった、骨切りせずに骨を抜いてしまう技術のことを思い出しました。その技を現代によみがえらせれば、ハモの調理法は一気に幅が広がって日本料理だけでなくフレンチや中国料理でも応用できるかもしれない、と。

そしてこの料理人は、県内にいる料理人仲間に対して惜しげもなく、ハモから骨をきれいに取り去る技を伝授します。そのうわさが広がり、今では愛媛県内全体にその技術が普及し、骨を抜いたハモを食べられるお店が急増しています。

いや、それはハモの骨を抜く技法を、この料理人がすでに会得していたからというだけのことだろう？　そう感じる読者の方も少なくないかもしれません。では、こんな事例はどうでしょうか。

ここ数年、全国各地でクラフトコーラと銘打つ商品が増えています。地域産品として、お土産物屋さんなどでよく見かけますから、多くの方がお気付きかと思います。クラフト「ビール」なら、ずいぶん前からありますけれど、クラフト「コーラ」というのは最近の話です。なのに、わずかの間に急に広がっている印象があります。そのきっかけは何だったのか。

最初に商品化に踏み切ったのは、28ページで紹介する伊良《いよし》コーラでした。東京・新宿区の下落合に本拠のある小さな工房です。それまでコーラといえば大手企業の手による商品というのが当たり前でしたね。伊良コーラを創業した代表はそこに斬り込みました。香辛料を10種以上も使う、クラフト(職人仕事)的なコーラがあってもいいんじゃないか、と。そして代表は、英語で記された古いレシピを探し当て、コーラづくりに邁進します。実店舗を立ち上げたのはコロナ禍に入ってからのことでした。それでも脚光を浴び、現在では、繁華街である渋谷にもショップをオープンさせるに至っています。

では、こうして『当たり前』を疑う」ためには、手始めにどういう姿勢をもって臨めばいいのか。そこをご説明しないと、少しもやもやしてしまうかもしれません。「当たり前」というのは、ほぼ誰もが疑問を抱くことなく受け入れている状態を指すわけで、そこをあえて疑ってみてください、とお伝えしても、じゃあどうすればよいの?となってしまうでしょうし。

ここで大事になってくるのが、「違和感を見逃さない」というところだと私は確信しています。毎日の仕事を続けるなかで、あるいはプライベートの生活のなかで、「あれっ、ちょっと変だぞ」とか「なんでこうなっているの?」とか、ふと感じる場面があります。そう感じたならば、そこにヒントがひそんでいるのです。もしかすると、これまで疑うことなく当たり前だと思っていたことに、何か間違いがあるかもしれません。違和感こそがヒットへの道の突端、と表現していいかもしれない。

どんな例があるか。18ページと40ページで取り上げているＷＨＩＬＬ(ウィル)など、まさにそうした好例です。ベンチャー企業であるＷＨＩＬＬは、機能面でもデザイン面でも卓越した、過去に存在しなかったような電動車椅子を開発して、国内外をあっと驚かせています。足の不自由な方はもちろん、長い距離を歩くのが大変な高齢の方にも歓迎されている商品です。羽田空港をはじめとする公共施設では、その場で誰でも無料で使えるＷＨＩＬＬの電動車椅子が用意されているので、目にしたことのある方も多いでしょう。

このＷＨＩＬＬは、どんな経緯があって商品化されたのか。ここが興味深いところです。今から10年以上も前の話です。大手メーカーをまたがって若手社員たちが休日に自主勉強会を開いていました。ある時の勉強会でのテーマは「福祉」でした。勉強会には車椅子を使うことをためらっている方を招いたといいます。なぜ、必要なはずの車椅子に乗るのをためらうのか、質問を重ねていくとわかりました。まず、電動車椅子というのは車道と歩道の間にあるちょっとした段差を乗り越えるのにも難儀するそうです。そして、車椅子に乗っている状態を周りの人からじろじろと見られるのも嫌だという声も出ました。

勉強会のメンバーはそうした話に驚くと同時に、どうして電動車椅子が社会に広がっていないのか、その理由を知ったといいます。長い距離を歩くのが難しいと予想される方は国内に1千万人以上いるはずなのに、電動車椅子の市場を調べてみたら、わずか2万台規模にすぎない。これはなぜなのか。そこがまさに違和感でした。勉強会に集う若い社会人たちは、ここで違和感の存在をつかみとります。

だったらどうすればいいか。電動車椅子にはつまり、2つのバリアーがあると考えました。ひとつは「物理的バリアー」。近所のコンビニエンスストアに行こうとしても、道路の間の段差があるところを乗り越えられない。ならば、段差をものともしない駆動力のある電動車椅子をつくろう。もうひとつは「心理的バリアー」。じろじろみられるのが気になって仕方がないという負担です。そうならば、これを逆手に取るのはどうか。周囲の人たちが注目してしまうほどスタイリッシュな電動車椅子だったとしたら、むしろ乗るのが楽しくなる。周りの目を味方につけることだってできるかもしれない。

そういう視点から開発したのが、電動車椅子・ＷＨＩＬＬの試作版でした。そし。て、勉強会メンバーたちは会社から独立を果たし、ベンチャー企業を立ち上げ、成功へと導きます。これなど、優れた発想力というのにもまして、そこにある違和感を放っておかなかったからこそ成就した話だと思います。

いまや装飾用マスキングテープの雄として知られるカモ井加工紙のｍｔシリーズだってそうでした(35ページ)。ある時、突然、東京都内の女性グループから工場見学の依頼が飛び込みます。当時、マスキングテープといえば、もっぱら工業用か、せいぜいＤＩＹ(日曜大工のような感じ)で使われるくらいでした。なのに、その女性たちは「人に贈るプレゼントや、自分の日記帳のページを装飾するのにマスキングテープは楽しいから」と言いました。カモ井加工紙の社員たちは、なんだそれ？と違和感を覚えましたが、違和感を抱いたからこそ工場見学の依頼を思い切って受け入れました。不思議に思えることをそのままにしておきたくなかったからだそうです。

で、その工場見学をきっかけに、世界で初めてといっていい文具用マスキングテープの開発が始まります。同社の社員が後になって知ったのは、女性グループはほかの同業者たちにも依頼をかけたのですが、そろって断られていたということです。同社だけが違和感を見逃さなかったのです。その結果、シェア70％、今では海外でも注目を浴びる商品を世に送り出すことができています。

ここまでの話をまとめてみましょう。「『当たり前』を疑う」ことも、「違和感を見逃さない」ことも、その気になれば、どなただってできることだとお思いになりませんか。ふとした小さなことであってもいいのです。そこから道が開けることって、往々にしてあると、私は確信しています。

これから第1章のページをめくって、いくつもの商品の話に触れていただく前に、もうひとつだけお話ししましょう。本書では取り上げていませんが、「『当たり前』を疑って」「違和感を見逃さなかった」おかげで、会社存亡の危機が救われた、という事例です。どんな会社のこと？ 皆さんご存じのアサヒビールの話です。それは１９８０年代半ばのことでした。同社はシェアを著しく落として業績が悪化し、「5年後には会社がなくなる」というシミュレーションまで立てていたといいます。キリンビールとトップシェアを激しく争う現在からすると、考えられない話と思われるかもしれませんね。でも、当時はそうでした。

そんな厳しい状況のもと、現場社員たちが動きました。その発端は…。

「ちょっと待てよ。ビールの味の違いは、この業界に長くいて、しかも商品開発の現場に在籍する技術者だけにしかわからない、というのは本当の話なのだろうか」

今からすれば業界の考え方が古かったのだとも思わせますが、１９８０年代半ばまでは、同社に限らずビール業界での常識は「消費者にビールの味はわからない」だったそうです。だから、ビール各社は広告に力を入れたり、おまけをつけたり、といった販売促進策の強化に終始していた。

つまり、「消費者って、実はビールの味の違いがわかるんじゃないか」という仮説は、業界の「当たり前」からずいぶんと外れたものだったらしい。わかるわけないだろう、各社の商品名を隠して飲み比べさせたら、ほとんどの消費者は正解を言い当てられないはずだ、と。

アサヒビールの現場社員たちは、この仮説（消費者はビールの味がわかる）を信じて、商品開発に打ち込みます。そしてできあがったのが、アサヒスーパードライの試作版でした。そして、この試作版を重役会議に持ち込みます。すると、重役たちは口をそろえて言いました。「これ、既存のビールとどこが違うの？」つまり、ビールの味がわからなかったのは消費者ではなくて、当のビール業界、それも役員レベルの人たちだったのです。

現場社員たちはそこでくじけずに重役会議に3度チャレンジして、最後は当時の社長の一声で発売が決まりました。その後の快進撃は皆さん知っての通り。会社がなくなるどころか、奇跡ともいえるシェア急上昇で、最大手だったキリンビールを抜くまでになりました。他社陣営が崩せるはずもないと考えられていた王者キリンからトップシェアを奪ったわけです。

だから、ここでいま一度、私は強調しておきたいのです。経営が苦境に立たされている企業にとっても、あるいは、たとえば過疎に苦しむ地域のブランド強化に四苦八苦している自治体にとっても、いっときのカンフル剤のようなイベントや、ネットの世界で影響力のあるインフルエンサー（SNSなどでの発信力を有する著名人）に頼ってしまおうとする前に、『当たり前』を疑う」作業をまずはしてみませんか。

街中で偶然見かけた一人の消費者の購買行動を観察することから始まるかもしれませんし、その地域を訪れた観光客の意外な行動を凝視することできっかけをつかめるかもしれません。私自身が、実はそうです。本書で紹介している商品のうち、少なからぬものは、ほんの偶然に出合って、そこから取材を進めた事例なのです。先に触れた愛媛のハモなんて、出張していた日の夜に、松山の街をふらふらと歩いていて、なんの前情報もなく飛び込んだお店で教わったのがきっかけでした。ヒントはもうそこに落ちているんです。

開発前にゴールを決める

「イノベーション」はしばしば「変革」と訳されます。商品では「今までなかったモノが登場することで、生活を取り巻く景色が変わること」といえるでしょう。

では、商品でイノベーションを起こすために一番必要なのは何なのでしょうか。私は「最初にゴールを決めること」だと考えています。たとえ、できるかできないかの予想が全くつかない状況であっても「ここを目指す」というゴールを定めてしまうこと。そうすれば、商品の開発途中に生まれがちな迷いを断ち切ることができるからです。

「ゴールの決定こそが大事」と思える事例があります。静岡県三島市の老舗ワサビ店「山本食品」の「鋼鮫《はがねざめ》」というステンレス製のワサビおろし板がそれ＝写真。値段は4320円もします。でも、当初の目標を大きく超えて売れています。

開発前に定めたゴールは2つ。まず、料理人がよく使う、鮫皮のプロ用おろし板よりも扱いやすいこと。もうひとつは、ステンレス製でありながら、鮫皮のおろし板を超えるレベルでおいしくなることでした。同じレベルではないところが重要です。

勝負は、おろす面をどうつくるかでした。「鮫皮でおろすよりもおいしく」というのは、そう簡単な話ではないと想像に難くありませんね。試作は300にも及んだそうです。もうずっとボツが続いた。で、諦めずに300もの試作の末にたどり着いたのは、おろし板の全面に、ひらがなの「わさび」の文字を小さく並べることでした。ふざけているのではなく、あらゆる方向におろし目が立つ「わさび」の刻字がベストだったのです。実際に使ってみたら、確かに鮫皮にもまして絶妙の仕上がりです。

一見とっぴながらも、最初にゴールを決めたからこそ、使って驚く品をものにできたのだと思います。

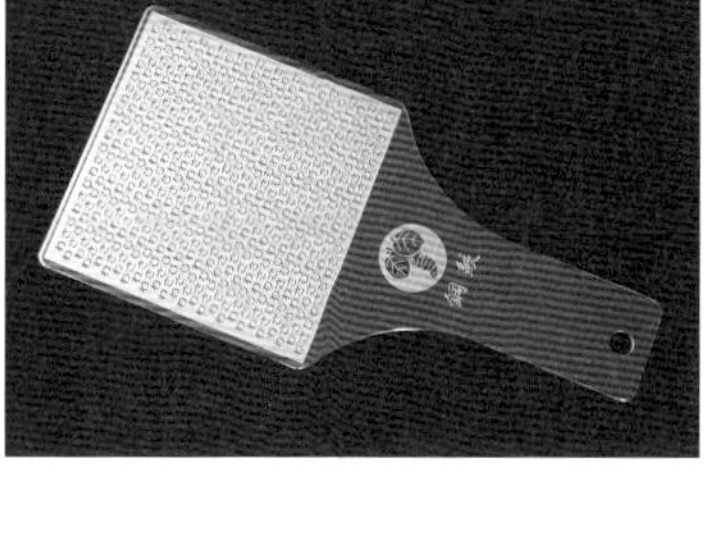

必要とする「あなた」を探す

不特定多数でない「あなた」。ほかの誰でもない「あなた」。そんな「あなた」に届くモノがどう生まれるか。このコラムのテーマです。

画期的な電動車椅子が日本で開発され、北米や欧州でも発売されました。「WHILL（ウィル）」＝写真＝という電動車椅子で、45万円。デザインは画期的で、鮮やかなフレームの色がすてきです。性能も高く、5㎝ほどの段差も楽々です。

開発者は日本の大手メーカーから独立した人たちでした。車椅子が必要でも「乗る気がしない」との声をつかんだのがきっかけです。バリアー（障壁）は段差など物理的なものだけでなく、車椅子姿を見られたくないという「心理的バリアー」があると見抜いたのです。ならば、羨望《せんぼう》の目で見られるデザインに、抜群の走破性を兼ね備えようと思い立ったのです。

日本での電動車椅子出荷台数は、長く年2万台前後で頭打ちでした。「なかには『乗りたくなる車椅子がない』と言う人もいるはず」。そこを狙ったのです。

もうひとつ。1枚1000円ものマスクが、月1万枚も売れています。岐阜県のエストが製造販売する、おしゃれマスクのシリーズです。

マスクでも、おしゃれは大事。実用の味気なさを脱して、レースをあしらった商品を開発しました。ところが、既存の流通企業はどこも門前払い。「そんな高いマスクなど絶対に売れない」と。

しかし、エストは引かなかった。これを求める「あなた」は、必ずどこかにいるはずだと確信し、自社サイトで発売したのです。すると、またたく間に月1万枚のヒットを巻き起こしました。

このように、使ってほしい「あなた」の具体像を描く。商品の成否を分けるポイントです。

固定イメージ脱却

モノでも何でも、私たちが何かに抱いているイメージは、実は幻に近かったりするものです。

沖縄県での話です。「真っ青な空、赤いハイビスカス…という沖縄のイメージは、住んでいる人たちにすれば、ちょっと違うかも」

では実際は？「沖縄って、曇りの多い島なんです。快晴ばかりではない。だから、私たちには地味な色合いのほうがしっくりくる」

話してくれたのは、沖縄で「琉Q《ルキュー》」＝写真＝という商品を開発した男性。パッションフルーツのバターや、アセロラのジャムなどをそろえた特産品で、40gで約600円もします。それでも、小さなガラス瓶に入ったこの商品が、那覇空港の店が取り扱うほど人気商品に育っているんです。この「琉Q」のパッケージは、曇り空や砂を思わせるベージュと白。派手な色はなし。「本当の沖縄の色を使い、本当の沖縄の食材を伝えたかった」からです。これ、「沖縄県セルプセンター」という、沖縄県の福祉系外郭団体が販売元です。福祉発の商品のイメージを突き破る商品です。

別の業界の話です。石川県の能登半島に「湯宿さか本」という小さな宿があります。飾ったところは何もなく、この地に伝わる建築手法による瓦屋根の木造家屋が林の中にたたずんでいるだけです。朝は鶏が鳴き、夕暮れには竹林が長い影を描きます。そして食事は、春ならば大鉢に盛られた竹の子。冬なら寒ブリ。その時に地元で採れる食材で直球勝負です。地味な宿なのに、過ごすうちに、「ああ、これが能登なのか…」とじわじわ伝わってくるのです。

モノの本当の姿は、そうやって見えてくるのかもしれません。それを見過ごすなんて、つくり手にも買い手にとっても実にもったいない…。

難しさ二の次「必要なんだ」

「そんなこと、できっこない」と思うどころか、ハナから考えもしなかったようなモノに出合うことがあります。写真を見てください。これは1枚のポリ袋なんですが、12袋入りで1980円、つまり1袋あたり165円もします。

普段はポケットティッシュ状に折りたたまれている。これをカバンやポケットに収めておく。そして、必要な時に外袋を開くと…。

そのポリ袋は、丸い平底になっています。渦巻きのような形状で底面に角がありません。90kg以上の重さに耐えるそうですし、角がないため強度が均一で、水を入れても、まず破れません。

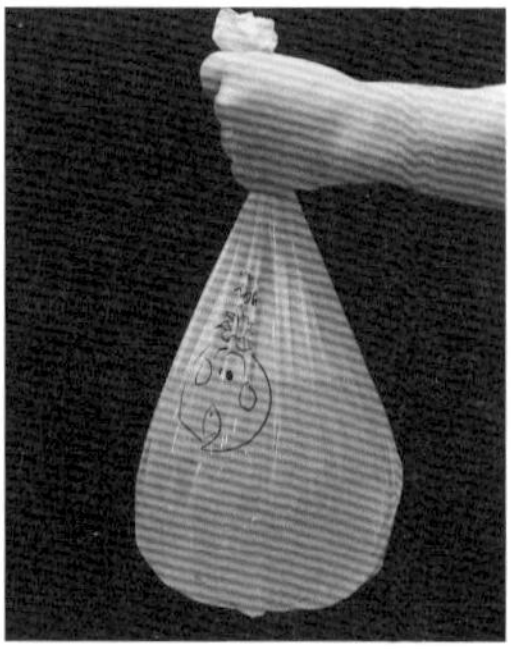

商品名を言えば、使い道がわかると思います。「べんり袋」です。「公電テクノ」という、埼玉県の電気設備工事会社が、本業の傍らで、8年かけて完成させました。被災時に使ってほしいという一心で開発したそうです。水の確保や汚物の処理などにも便利です。

こういう形状のポリ袋、実は世界初なのだそうです。商品化には相当苦労しましたが、最後は専用の製造機械まで導入した。ポリ袋の生産など完全に門外漢だったのに、震災時の大変さに思いをはせてつくり上げたのですね。

もうひとつ紹介しましょう。福井県の鯖江といえば、めがねで有名ですね。この町から生まれた「ペーパーグラス」がロングヒットを果たしています。

厚さわずか2㎜の老眼鏡。持ち運びしやすく、何より格好いい。開発した「西村プレシジョン」は、元来めがねメーカーではなく、めがねの部品メーカー。部品を担う会社が地場産業の不文律を破ってまで、これをつくり切った。こんな老眼鏡こそ必要なのだと。

どちらも意地を感じます。意地を貫いたから生まれた商品です。

「まさか」の驚きがある

「まさか、そんな!?」と驚かされる存在にこそ、私たちは楽しさを覚えますよね。それは、モノもサービスも同じでしょう。

北海道の函館駅そばの「函館朝市」に隣接するように「どんぶり横丁」があります。いかにも観光客向けの値ばかり張る食堂街かと思いきや、その一角にすごい店があります。「茶夢《ちゃむ》」＝写真＝という愛嬌《あいきょう》のある屋号です。品書きに目をやると…。普通の海鮮丼などもありますが、むしろその他の献立に強くひかれます。「イカわたのかす漬け」。ひとなめで、酒もご飯もぐいぐい引き寄せる。ひと皿たっぷりで300円。今の時季なら、深海魚のゴッコ汁もいい。ぷるんぷるんの皮目に、ぷちぷちの卵。これで600円。ひと品ごとに驚きがあります。後から知ったのですが、ここは地元の人もわざわざ通う一軒らしい。

市場の店で「まさか」と思わせる飲食店といえば、昨秋に移転開業した東京・豊洲市場にもあります。「高はし」という魚料理の店です。築地時代から、食にさとい人や市場のプロに愛される存在でした。

親方は、豊洲移転に当たって悩みに悩んだといいます。築地のころと同じ中身でいいのか、都心から離れる豊洲まで来てもらえる魅力をどう創出するか。

結論は…。豊洲に移転した「高はし」は、「日本一高い食堂」という旗を掲げました。週の何日かは予約制で1万円前後という値段。一線級の食材を使っているとはいえ、市場の店としては異例です。でも、営業日はほぼ満席続きとなっています。繰り出されるのは、焼き物も煮物も刺し身も、魚河岸料理と割烹《かっぽう》料理を融合させたというべき圧巻の内容です。

いい店を見つけるには先入観や固定観念を拭えということかも。

名店も進化し続ける

「蕎麦《そば》200㎞」という言葉を耳にしたことがあります。おいしい蕎麦のためなら、200㎞もの距離をものともしない。そういう話。このコラムで「わざわざ当地に行く意義」を何度かつづりましたが、蕎麦もまさにそうでしょう。

先日、久々に山形県の村山にある名店「あらきそば」を訪ねました。東京からは200㎞どころではなく約400㎞。でも私、この店のためだけに長旅を重ねています。のれんをくぐる楽しみはいくつもあります。田舎家の佇《たたず》まい、店の皆さんとの温かな触れ合い。でも蕎麦のすごみが一番です。

木の箱に載っかった蕎麦は、極めて太く、そして量もべらぼうです。存在感がすさまじい。かつては「むかし毛利《もり》」という蕎麦が看板でした。量は3人前できかないほど。多くの客は「うす毛利」(1200円)=写真=を頼みますが、それも相当なもの。で、今回訪れてちょっと驚いた。品書きに「半毛利」が登場していたのです。値段は600円。聞けば、昨秋に加えたそうです。

1920(大正9)年の創業以来の英断でしょう。たっぷりの蕎麦こそがこの店の売りだったはずだから。でも、これも時代の流れですよね。当代のご主人が決断を下すまでどれほど悩んだのだろう。そんなことを思いました。

もうひとつ。こちらも東京から400㎞の地ですが、富山県に「酒蕎楽《しゅきょうらく》くちいわ」という超人気店があります。昼から酒肴《しゅこう》を堪能し、抜群の蕎麦を味わえるとあって、平日でも客が殺到。数年前に店を移転したのを機に、あえて席数を減らし、ご主人の目端が利く小空間にした。ここで肴《さかな》をおまかせにして飲む時間は格別です。

名店も少しずつ形を変える。だからこそ再訪したくなるわけです。

身を刻まぬハモは美味

業界のプロも消費者も、疑問をさして持たない事柄があります。たとえば家電製品。ほんの10年前までは、扇風機など売り場の主役からはすでに降りていましたね。

そこに切り込んだのが、東京のベンチャー企業である「バルミューダ」。3万円以上もする超高級扇風機「グリーンファン」を大ヒットさせました。風が優しく感じられ「扇風機なんて過去のもの」という一般的な捉え方を見事に覆したわけです。

で、ここからが今回の本題です。皆さん、夏を彩る食材であるハモはご存じですよね。骨を取るのが難しい魚のため、料理人は数ミリ単位で身肉に包丁を入れる「骨切り」をしてから調理します。それはまさに、ハモの常識と言っていいでしょう。

ところが、骨切りを全くせずに、骨をスパッとすべて取り去って調理する手法も存在するのです。

ハモの一大産地である愛媛県を訪れた時の話。松山の繁華街、二番町にある「出汁《だし》茶漬け網元茶屋」で、そんなハモに出合いました。骨のない刺し身＝写真＝は甘みを感じさせ、さえわたっています。オコゼに似ている感じ。焼きハモは、言葉がすぐ出ないほどに身がふっくらしていました。

「繊細な身ですから、包丁を多く入れないほうがいい」とご主人。確かに。身肉のうまみは明らかにこちらが実感できる。身を刻んでいないからこその食味です。骨をすべて取る手法は、大昔には見られたそうですが、今では骨切りが当然のようになっています。でも、それは正解なのかとご主人は考え、苦労を重ねて、昔の手法を体得しました。そして私はハモの身の新たな味わいを知りました。

「当たり前」は本当か。そこに踏み込む思考は大事です。

翻訳は専用機器で

前回、骨切りをしないハモが、実は美味という話をつづりました。骨切りが常識と思われているのにです。拙稿を見た大学時代の恩師が、感想を寄せてくれました。「大事なのは2つのステップ。まず、生活に溶け込んだ『当たり前』に気付く。その『当たり前』に踏み込み、新しいことを考え、つくり出す」と。

とりわけ最初の「気付き」が難しいと恩師は言います。「疑わないのが『当たり前』ですから。で、今回取り上げる商品です。

昨年から今年にかけて「翻訳デバイス」の市場が盛り上がっています。コンパクトな本体のマイクに向けて日本語をしゃべると、望みの外国語に翻訳して音声を発してくれるデジタル機器ですね。現在、各メーカーから10機種以上が登場していますが、ブームを先導したのは、ソースネクストの「ポケトーク」＝写真。値段は3万円弱と安くはありませんが、発売から1年半ほどで、販売累計50万台を突破しました。この商品こそ、常識にメスを入れたからヒットしたのだと思います。どこが常識か。単に翻訳機能を求めるなら、スマートフォンのアプリで可能です。それをわざわざ専用機器に仕立て上げたところが肝要。

この約10年、スマホは、ほかのあらゆる商品分野を吸い込みながら存在感を高めました。カメラやムービー、地図…。だったら、翻訳もスマホで済む。でも、同社は「誰もがスマホを使いこなせるわけではないし、専用機器のほうが便利な場面がある」と判断した。スマホとあえて切り離すことを消費者に提案したのです。

こうしたスマホとの切り分け戦術、ほかに任天堂のゲーム機「ニンテンドースイッチ」のヒットも同じでしょう。ともに「当たり前」を疑うところから始まった快進撃です。

2020/1/30

＃２つの果樹園

清木場果樹園、山内果樹園

ひと手間を惜しまず

今日は２つの果樹園のお話です。六次産業の進展が大事、とよくいわれていますね。六次産業とは農家や漁師などがみずから商品をつくり、それを販売する形態を指す言葉。でも、必ずしも成功事例は多くない。では、今回取り上げる果樹園では？

まず、鹿児島県南さつま市の「清木場《せいこば》果樹園」の金柑《きんかん》ジャムです。１瓶６５０円で、ロングセラーとなっています。食べればわかるんです。味が澄みわたっている。ご主人に尋ねたら、あえて手間のかかる製法を取っているとのこと。金柑の実から種を取るときに、より丁寧な方法を用いたのだそうです。それひとつでも味は変わるのですね。

そして、東京の一線級の果物店から声がかかり、そこに卸している。ちゃんと答えを出しているわけです。

もうひとつは福島県会津若松市の「山内果樹園」です。ここの「会津身知らず柿　ドライフルーツ」が秀逸。柿を薄く輪切り状にスライスして乾燥させたものですが、砂糖不使用のおかげでしょうか、柿ってこういう清冽《せいれつ》な甘みだったのか、と感じ入るひと品です。まん丸な姿＝写真＝も楽しいですしね。大手通販サイトで６３０円で入手できます。

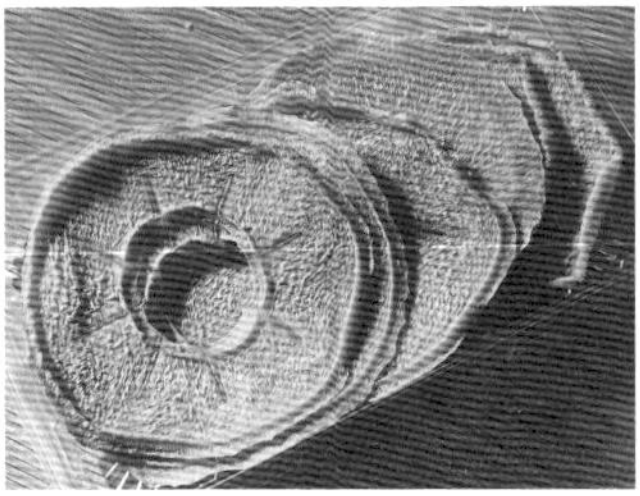

山内果樹園のご主人はこう言います。「会津の果物っておいしいと思うのですが、大都市圏までなかなか伝わらない」。だったら、ドライフルーツにすれば手に取ってもらえるかもと考え、加工機械を導入したのだと聞きました。そして実際、首都圏などの消費者がクチコミで広げていった。こちらも、大手食品メーカーが実力に気付き、採用されました。

あと一歩踏み込む、あとひと手間を惜しまない。いずれも、その姿勢が結果を出したのでしょうね。

将来の代金を先払い

ネットでは、デマなどで悪意が増幅しやすい一方、善意もまた、広がりやすい。今回は、善意のほうの話です。

コロナ禍に見舞われるなかでも、ひいきにしている飲食店を応援したい。今、多くの店がテークアウト用の料理を提供していますから、それを購入するのは一手でしょう。

ただ、客にすれば支えたい店が遠く離れた場所にあり、テークアウトすらままならないかもしれません。私も、東京在住ですが、よく出張する街や生まれ故郷にも大好きな店がたくさんあります。もどかしく感じる人はきっと多かったのでしょう。「さきめし」＝写真＝というアプリが脚光を浴びています。

ある店を応援したいと思ったら、料理代金をアプリ経由で先払いするというもの。クレジットカードで決済すると、店の側には最短1週間ほどでお金が入ります。あとはこのコロナ禍が落ち着いた時点で食べに行く、という話。これであれば、遠い街の店にもひと肌脱げます。

この「さきめし」、福岡市にあるベンチャー企業のGigi（ジジ）が提供する「ごちめし」というアプリを活用したサービスです。もともとは特定の誰かに食事をごちそうしましょうという狙いですが、「将来の自分に」という形にもした。

興味深いのは、飲食店の側からは登録料も手数料も一切取らないというところ。同社の取り分などに充てる手数料（飲食代金の10％）は客の負担です。その意味でもまさに「飲食店を応援するためのアプリ」といえる。現在、参加する飲食店は1000軒以上と聞きます。全国の店々への広がりを期待しています。

生き残りかけ戦略練る

コロナ禍で、ビデオ会議アプリ「Ｚｏｏｍ（ズーム）」などを使ったオンラインのセミナーが増えています。先週は２つ、聴講しました。どちらもコロナ禍の後を見据え、とても勉強になりました。

まず、東京・谷中の旅館「澤の屋」＝写真＝の館主によるセミナー。この宿、今から40年近く前に外国人旅行客向けへとかじを切り、以来、92カ国、19万人の外国人に愛されています。

１９８０年ごろから、各地の小さな旅館は逆風にさらされました。急増するビジネスホテルに客を持っていかれたためです。澤の屋も存亡の危機で、思い切った転換を図りました。そこから大変、にぎわい続けましたが、コロナ禍で外国からの客がいなくなり、再び深刻な状況になりました。

澤の屋はどうしたか。日帰りの入浴やリモートワーク向けの部屋の提供を始めました。すると…。地元の客が続々と訪れたそうです。「澤の屋が大変だから、利用しようじゃないか」となった。

これ、ただの幸運ではないらしい。40年近く、澤の屋は地元を大事にしてきました。谷中近辺での飲食店や小売店と連携し、外国人客を散策へと誘《いざな》ってきたのです。だからこそ、周囲が「今度は澤の屋を応援しよう」と動いたんです。澤の屋はコロナ後に向け、経営存続を決断したと聞きました。

もうひとつは、ベンチャー企業「ＷＨＩＬＬ」。高機能な電動車椅子で世界を席巻する同社を中心に、コロナ後の交通社会を考える内容です。力説していたのは、高齢者が移動しづらい世の中になってはダメという点でした。そのためには、「シンプルで利用しやすい仕組みづくりが必要」とも。極めて大事な視点ですね。

揚げた高級魚に舌鼓

「業界の当たり前を疑う」ことにヒットの手がかりがあるという話、ここまで何度もつづってきました。

先日、東京・八丁堀の路地裏に開業した小さな飲食店を訪れました。この春、築地のビストロから独立した、若い料理人の一軒です。

最初のひと皿に、丸のまま、おいしそうに揚げた5㎝ほどの小魚が載っていました。実際、うまかった。何か、と尋ねたら「シンコなんです」との返答。「シンコ?」と声を上げてしまいました。

コハダの幼魚なのですが、すし屋では夏の超高級なタネです。身を開いて骨を取り、塩をしてから酢締めする。仕込みにものすごく手間のかかるタネでもある。それを丸ごと揚げちゃった。「おすし屋さんには叱られる料理法かも」と料理人は苦笑。でも、こんな夏の風物詩を丸のまま口にできるのがぜいたくでうれしい。隣のお客さんも「えっ、シンコ?」と口にしていたのが印象的でした。

別の話をもうひとつ。「世界初のクラフトコーラ」と銘打つ1杯を飲みました。東京で2年前から移動販売を始め、今年2月、できたてのコーラを味わえる小さな店をコーラづくり工房の隣につくった。「伊良コーラ」といいます＝写真。値段は1杯500円。スパイスの香りが立っていながら、なんだかとても優しい風味でもあります。天然の材料を使い(コーラの実というのがあるのですね)、小規模生産を貫く。だからクラフトコーラと名乗っているらしい。

新宿区のなかでも、下落合という必ずしも至便な地ではなく、細い桜並木にひっそりとある店で、営業も金～日曜の午後だけ。それでも、訪れた昼下がり、この1杯を求めるお客が途切れなかった。この手があったかという意外性。それが人を引きつけるのですね。

2020/9/3

＃思い出の菓子と再会　　お子様せんべい

半世紀前の熱意知る

２０２０年の夏休みが終わってしまいました。８月は、緊急の地方出張に一度赴いたあとは、ずっと東京都内にとどまりました。

家にいて、ふと、子どもの頃、夏休みに口にしていた何げないものが頭に浮かんできた。近所の文房具店の一角で買えたソフトクリーム。いつもたっぷりと高く盛り上げてくれていました。

もうひとつ、「あれもよく食べていたな」という記憶がよみがえりました。きっと今はもうないのではと思いつつ、ネットで検索してみたら…。ありましたよ、まだ。「お子様せんべい」＝写真＝という名の商品。このせんべい、かじると口の中で溶けていくほど軽く、しかも塩分が穏やか。まだ現役だとは思わなかった。現在の価格は１袋１００円台前半です。

これ、新潟県の岩塚製菓の商品だったのですね。特設サイトまで公開していました。このせんべいが生まれたのは１９６６年。私と同じ年だったのか…。パッケージの子どものイラストは、私の幼少期のまま。絵本作家の故・岡部冬彦氏の作だそうです。商品名の文字は、あの人気漫画家の故・加藤芳郎氏によるもの。これも初めて知りました。同社がこの商品に懸けた熱意が想像できます。

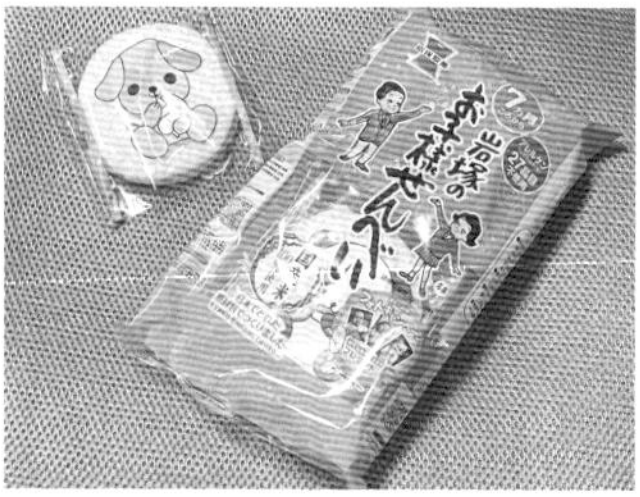

発売当初は「まるで豆腐みたい」と、その食感をやゆする人もいたようです。歯応えが全然ないから、既存のせんべいを食べ慣れた人には「何、これ？」となる。でも、小さな子どもには必要と考えて発売に踏み切った。考えてみれば、「何、これ？」と言わせる意外性は、今も昔もヒット商品を生むタネかもしれないですね。

バターを塗ってかじると、大人になった私には、ビールのつまみにも好適じゃないかと感じさせます。再会できてよかったなあ。

スガイワールド

#とても身近なSDGs

「エコかわいい」共通点

私の場合、新しい言葉が新聞紙上などをにぎわせていると、「5秒以内で端的に伝えられる説明はないか」と、まず考えます。たとえば「IoT」などがそうです。

では「SDGs」は？「持続可能な開発目標」と訳されていますが、う～ん、わかりにくい。私なりにはこう捉えています。「誰にも何にも犠牲やしわ寄せがいかないように努力する取り組み」。これでちょうど5秒くらいです。まあ、これでも雲をつかむような説明ではある。SDGsが掲げている範《はん》疇《ちゅう》は多岐にわたるので、どうしても捉えづらいのです。

これは具体的な商品ひとつから考えてみるのがいいかもしれません。東京・世田谷区のスガイワールドは、いくつものかれんな文具を開発している会社です。代表がデザインをみずから手がけています。

例を挙げると、動物の姿をかたどったクリップ。あるいは同じように動物形のマスキングテープカッター＝写真。どちらも528円で、素材はファイバー紙。ゴミ問題が深刻化しているプラスチックと違い、土の中で完全に分解します。単にエコなだけではなく、ちょっと水にぬらすと、形をぐにゃりと変えられます。そこを面白く感じた若い女性層が会員制交流サイト（SNS）に画像を投稿したことで注目を浴びてもいます。

いってみれば「エコかわいい」商品なんですね。ごくごく自然に生活のなかにエコ意識を取り込める感じです。そこがとてもいい。そういえば今から15年ほど前、私が流行情報誌の編集長をしていた時、当時のエコバッグの人気急上昇ぶりを、部下が「エコかっこいい」と記事内で表現しました。

肩肘張らずとも、難しく考えなくとも、おのずと環境に貢献できること。今こそ大事でしょうね。

2021/2/4

＃一人ではできないこと　　えひめ技あり鱧プロジェクト

料理人の技　地元盛り上げ

最近つくづく思います。「一人でも始められることがある」、そして同時に「一人だけではできないことも、またある」のだと。実際、コロナ禍の下でのヒット商品は、一人でまず始め、かつ、周りが呼応して花開いたものが少なくないんです。

2年前、私は「愛媛のハモ」の話をつづりました（23ページ）。ハモは数ミリ単位で身肉に包丁を入れる「骨切り」をしてから調理するのが常識。ところが、松山市の「出汁《だし》茶漬け網元茶屋」のご主人は、骨切りを全くせず、ハモの骨をすべて抜いてしまう手法をひそかに会得していました。骨のない刺し身は澄んだ甘みを感じさせ、驚くほどに身がふっくらしています＝写真。

で、今回の話はここからです。昨年5月、コロナ禍で営業自粛中だった「網元茶屋」のご主人は、ある行動を思い立ちました。それは、ハモのさばき方を愛媛県内の料理人に一対一で教えるという取り組み。

でも、どうしてまた、秘技をわざわざ、ほかの料理人に？「コロナ禍が収まった後、お客さんに愛媛へ戻ってきてもらうには、自分一人の力では無理」。地元・愛媛産のハモを扱う料理人が増えれば漁師も助かる、という気持ちもあったといいます。そして最初の1カ月だけで30人以上もの料理人がご主人の元に来た。昨秋、その奮闘を耳にした地元商工団体がご主人を訪ねます。愛媛全体で、このハモを盛り上げたいという話でした。立ち上がったのが「えひめ技あり鱧《はも》プロジェクト」。地元メディアも協賛する一大事業となり、「網元茶屋」も当然、参画しました。技術指導の大役をご主人が担っている。

このプロジェクト、ぜひ実を結んでほしいと思います。まさに「一人から皆へ」の見本ですから。

逆境で強みを生かす

厳しい環境下でも奮闘する町工場は、各地にありますね。このコラムでの前例を挙げますと、まず名古屋の愛知ドビー(50ページ)。従業員十数人で売上高が約2億円という状況から、鋳物ホーロー鍋「バーミキュラ」を開発し、今では従業員が約250人、売上高は50億円を超えています。

また、福井県の小杉織物(64ページ)はコロナ禍で一度は工場の完全休業を余儀なくされながら、絹のマスクをすぐさま製作してヒット。累計100万枚以上を世に送り出しています。

いずれも逆境であえて自社ブランドの商品づくりに挑み、しっかり答えを出したという話です。

で、今回は万年筆がテーマ。東京・荒川区に、日興エボナイト製造所があります。ここは、天然ゴム由来の樹脂であるエボナイトを製造する、国内でただ1軒の町工場です。プラスチックに押されている状況ですが、エボナイトには電気絶縁素材としての需要は一定にあります。ただし、それだけではジリ貧です。同社の売上高は往時の半分以下となっていました。

さあどうするか。2000年代後半、エボナイトをペン軸に使う万年筆＝写真＝の開発に乗り出します。もともと万年筆のペン軸としては、その触感にも耐久性にも定評のある素材です。ならば、素材を他社に売るのではなく、完成品をつくってしまおうと決断した。

そして、荒川区の産業展に出展したら、1本6万円の万年筆が5本売れました。わずか5本？ それとも見事に5本も？ 社長は後者と捉えました。そして本格生産に着手します。結果、百貨店の催事からも声がかかり始めました。

美しいペン軸が魅力の「笑暮屋《えぼや》」というブランドです。現在、同社の売上高は持ち直し、25％が万年筆の事業によるものだそうです。

一点物の古着を見比べ

「無人店舗」と聞くと、何を思い浮かべますか。田舎の野菜販売所などでしょうか。近年では、無人決済コンビニも注目株ですね。米国シアトルの「Amazon Go」、あるいは東京都内のJR駅に第1号店がある「TOUCH TO GO」。私はともに体験していますが、ITを駆使した仕組みは確かに面白い。

先端技術をそこまで使わない無人店舗も、街なかにじわじわ増えています。そのひとつが「ムジンノフクヤ」=写真=です。東京・野方の商店街に昨年登場した、24時間営業の古着屋さん。わずか4坪の店内に600アイテムほどの商品が並んでいます。1着1480円からというラインアップで、代金は券売機で支払う。10代後半から30代の女性層を中心に、月300人近くが利用していて、開業月からぎりぎりながら黒字が出ているそう。コロナ禍のなか、人と接触せずに買い物できるという意味でも、いい仕組みですよね。

店のオーナーは、もともと服のネット通販を手がけている人物です。「現物を見て触って、というニーズに応えると同時に、安売り競争一辺倒になりたくなかった」から、この店を開業したらしい。無人店舗ならコストを抑えられますから、無理な値下げをしなくていいという利点がそこにある。興味深かったのは、今年に入り、商品ラインアップを一点物に近いような服に変えたこと。ここには2つの意味があるようで、まず、万引による換金への抑止効果がある。もうひとつは何より商品の魅力を高められる。無人店舗であること以前に、商品が何より強くないと、という話ですね。

このムジンノフクヤ、もしかすると逆風にあえぐ数々の商店街に、次の一手へのヒントをもたらすかもしれません。

技術の力で変わる売り方

ＤＸという言葉をよく目にしますね。「デジタルトランスフォーメーション」の略で、最初に提唱したのは、スウェーデンの大学教授といわれています。「テクノロジーによって、人々の生活をより良く、豊かにする」というのがその概念。ＤＸというと、もっぱら企業間の競争に勝つための効率化のように捉えられがちですが、その原点は「人々の生活の変化」を目指すところにあるのですね。

そう考えると、先日聞いた事例など、まさにＤＸの手本かも。兵庫県の日本海側にある但馬漁業協同組合の取り組みです。この漁協のことは「ほたるいか飯」(１０６ページ)の缶詰の話でもつづっています。今回はベニズワイガニ。地名をつけた「香住《かすみ》ガニ」の名で売られています。ベニズワイガニって身が繊細で品質保持が実に難しいのですが、それをすぐさま大都市圏に運ぼうという実験を始めました。

取れたばかりのカニを、漁協が朝までに選別や箱詰め＝写真。それを即座に同県宝塚市などの小売店に直送。朝茹《ゆ》でのカニも生のカニも、当日の午後早くには店に並ぶ。

えっ、どこがＤＸなの？　単に漁協の手で直接トラックに載せるだけなのでは？　実はカニの箱の中にセンサーを入れて、輸送中の温度、湿度、それに衝撃を随時計測するそうです。さらにその記録を、消費者がスマホで簡単に閲覧できるようにした。カニの売り場にＱＲコードを表示したんです。

この実験、「香住ガニの大冒険」と銘打たれています。ＤＸのおかげで説得力は十二分。消費者は「正真正銘、朝茹でのカニが運ばれたんだな」と確認してから買えます。今月の実験では３００杯のカニが完売。こういうのが本来のＤＸなのでしょうね。漁協にも小売店にも消費者にも「より良い」から。

ヒット作誕生　「幸運」じゃない

ヒット商品はどうやって生まれるのか。新しい技術の獲得によって登場することもあります。あるいは、開発担当者のふとした発想から、という話もある。

さらに、こんなケースもあるんです。マスキングテープといえば今や、工業用途だけでなく、生活雑貨としても人気が定着していますね。色とりどりのテープを、ラッピングや装飾に使う人が多い。

これ、いつからなのか。岡山県のカモ井加工紙が、業界で最初に文具としてのマスキングテープである「ｍｔ（エムティー）」＝写真＝を発売したのが２００８年。「ｍｔ」が話題を呼び、一大ブームが起こり、現在に至るんですね。ではなぜ同社は、工業用一辺倒だった時代に「ｍｔ」を発売したのか。

06年に突然、一般女性３人から工場見学の依頼があったそうです。マスキングテープの風合いや透け感、テープをちぎれる感覚が面白く、生活のなかに取り入れられるという話でした。でも当時、マスキングテープにそんな可能性があるとは、業界の誰もが考えてもいなかった。同社は工場見学の依頼に警戒心すらあったそうです。それでも同社は、見学を受け入れました。女性たちの言葉に興味を抱いたからだそうです。ちなみに女性３人はほかの複数メーカーにも依頼をかけたそうですが、どこも門前払いだったようです。

彼女たちの話を聞いて、同社は「ｍｔ」開発のために多品種少量生産の体制をわざわざ整えます。そして2年かけて20種の「ｍｔ」発売にこぎつけた。現在では文具用分野のシェア7割、累計のアイテム数は４０００種に上るそう。

これは幸運によるヒットなのか。そうではない。同社が女性３人の依頼を思い切って受け、話に耳を傾けた。さらには実際の生産に向けて知恵を絞ったからなのですね。

ノートを「冊」から解放

私が日常使っている道具のことを、今回はお話しします。前置きが少し長くなります。なぜその商品に惹《ひ》かれたか。理由は２つです。まず、普段の仕事に用いるアイテムこそ選び抜きたいという思い。もうひとつは、「サステナブル」って何なんだろう、という気持ちからです。持続可能な社会の実現といわれても、じゃあどうすればいいの?と悩みます。

で、本題です。私が仕事場で手にしている商品のひとつが「スライドノート」＝写真。研恒社という東京の企業が開発した商品で、１７６０円から。うたい文句は「文具業界初の金属クリップ使用のスライド式リングレスノート」です。

何それ?という感じでしょうか。ちょっと説明します。一見、ただのバインダーのようですが、もっと凝ったつくり。既存のルーズリーフと違って、本体のリングが紙を束ねるのではなく、クリップがしっかりと紙を固定します。つまり、丸い穴の開いた専用の紙でなくても、もうほぼすべての紙が挟めます。そして、クリップの固定力が強いので、ノートとしてもごく自然に使えるのがミソ。複数の仕事でメモを書き留めた後に、案件ごとに紙を整理して束ね直せます。これがものすごく便利。

同社の社長に聞いたら、着想を得たきっかけは、ご子息のノートをのぞき見た場面だったそう。学年が変わるたびにノートを買うため、紙が無駄になっていた。だったら、ノートを「冊」の単位から「ページ」単位に変えようと思い立った、と聞きました。

そうなんです。これを使うと便利なだけでなく、紙をしっかり使い切れる。これもまた、資源を大事にする技です。

常識を疑ってヒット

「クラウドファンディング」を皆さんは利用されていますか。企業などが新たな商品を世に出そうとする際に、消費者から少額の支援を募る仕組みです。

そのプロジェクトは多彩です。このコラムで取り上げている「レトルト亭」(110ページ)のような家電商品もあれば、国産ホップを育ててクラフトビールをつくりたいといった酒類の案件も…。

で、今回の話です。クラウドファンディングで750万円超の支援を獲得した「たき火台」があります。東京・青梅の小沢製作所という町工場が開発した「MOSS　FIRE(モスファイア)」という商品です=写真。

なぜ、そこまでの反響を呼んだのか。まず、5枚のステンレスパネルを組み合わせて2種類の形や大きさにできること。また、平たんでない場所に据えても安定する構造なこと。何より、軽量でコンパクトに持ち運べることが受けました。

同社は精密板金加工が専門です。どうして消費者向けの商品をつくろうと思ったのでしょうか。聞くと「キャンピングメーカーになるのが目的では決してなかった」と言います。「自分の会社の魅力を外に伝えるためです」

ただし、開発には力を注ぎ、それまでの商品にはなかったサイズ感を目指しました。同社は、キャンプでよく使われる薪《まき》のサイズに合わせたたき火台をつくるのはやめたのです。

これは、他社にはない発想でした。ソロキャンプでは、必ずしも長い薪を使うとは限らない、ならば携行性を優先させようと決めた。その結果、アウトドア好きが驚く商品が完成したというわけです。

業界で当たり前の常識を疑う。強い商品が生まれる芽はそこにあるのかもしれません。

「約束を果たし」急成長

「ブランドマネジメント」というマーケティング用語があります。簡単に言えば「約束を果たすこと」。そう教えてくれたのは、大ヒット商品の鋳物ホーロー鍋「バーミキュラ」を開発した町工場、愛知ドビーの副社長でした。

「バーミキュラ」を2010年に発売した際、副社長はまず、お客に対して「これを手に入れれば、おいしい料理が簡単につくれます」と約束を掲げました。その約束を守るために、社員は総出でコールセンターの窓口を担い、さらにレシピ本までみずから出しました。その結果、この商品はブランド力を得るに至ったわけです。

なぜこの話を思い出したか。久しぶりに「こどもびいる」＝写真＝を飲んだからです。2000年代半ばに大ブレークして、今も売れ続けている清涼飲料です。中身はリンゴ風味の炭酸飲料。色や泡立ちをビールに見立て、子どもも乾杯に加われる1本です。甘さを抑えた爽やかな味わいで料理にも合うところがまたビール的。

これを販売するのは佐賀県の飲料メーカー、友桝《ともます》飲料です。「こどもびいる」はもともと、福岡県の居酒屋が同社に相談した企画でした。同社の炭酸飲料のラベルだけを「こどもびいる」と貼り替えてほしい、と。居酒屋の店主は最初、何社かの別メーカーに声をかけたそうですが、注文数量が少ないため、門前払いだった。友桝飲料だけが快諾したといいます。それは同社が「小ロットであっても、商品を開発して売りたい企業の『最後の駆け込み寺』になる」という約束を掲げていたから。

「こどもびいる」のヒットを契機に、同社は売上高が約20年間で50倍となるほどの急成長を遂げます。約束を明示し、果たす姿勢こそが、小さかった2つの町工場を輝かせたという話です。

2022/6/23

＃旅先にルームシューズを　merippa

足にも地球にも優しい

ＳＤＧｓと声高に言うほどの話でもないかもしれませんが、モノをちょっとだけ使って処分するというのは、やはり後ろめたい。

東京・墨田区にある久米繊維工業のＴシャツを私が好んで着るのも、そうした理由です。２０００円台から１万円以上しますが、生地がいいのか仕立てがいいのか（たぶん両方）、長く着続けてもへたらない。全然くたびれないわけではありません。でも、そうなったら部屋着にするなど、とことん付き合えます。私には「服は消耗品」という考えに同意しかねる部分がありますし、最初の出費を覚悟してでもこちらを選びたくなる。

で、今回の話です。メリヤスでつくられたルームシューズ＝写真。優しい風合いで、カラーバリエーションも豊富で、選ぶのも楽しい。どこの商品か。中橋莫大小《めりやす》という小さな会社の「ｍｅｒｉｐｐａ（メリッパ）」で、値段は５０６０円。メリヤス屋さんの技術を生かしたスリッパだから、「メリッパ」です。

カットソーのＯＥＭ事業が主軸だった同社にとって初めての自社ブランド商品だそう。国内のメリヤス業界が海外勢に押されるなか、モノをつくる技術をちゃんと継承したい、との一念で開発したと聞きました。９年前に発売され、今では国内にも増して米国市場で売れに売れているらしい。

私、このルームシューズを出張の折に携えています。多くのホテルには使い捨てのスリッパがありますね。それはそれでありがたいのですが、わずか１泊使って捨てるのは、少しもったいないかなと思うようになりました。この「ｍｅｒｉｐｐａ」なら履き心地が抜群で、ホテル滞在の時間に彩りも添えてくれる気がします。

そういえば中橋莫大小も墨田区の会社。やはりここは、モノづくりを大事にする街なのですね。

すでに見慣れた風景に

イノベーション(革新・変革)はどのように生み出されるのか。ものすごくシンプルに言ってしまえば、「自身がふと感じた疑問」を放っておかない姿勢こそ、イノベーションを起こすタネになる。私はそう考えています。このコラムで紹介する事例では、たとえば「レトルト亭」がそう(１１０ページ)。レトルトパウチ食品はすごく便利だけれど、不便は本当にないのか、と開発者は考え、本体に突っ込むだけでレトルトが簡単に温まる家電をつくり上げ、ヒットさせました。これも立派なイノベーションです。

で、今回の本題です。ずいぶん前ですが、このコラムでＷＨＩＬＬ(18ページ)という電動車椅子を取り上げました。長い距離を歩くのが大変なシニア層は多いのに、電動車椅子の市場は全く伸びていない。だったら、スタイリッシュで性能も抜群という、誰もが乗りたくなる１台を開発してしまえばいい。そう考えた若手技術者やデザイナーが勤め先を辞めてベンチャー企業を立ち上げ、商品化までこぎつけました。今から10年近く前の話です。

その後、ＷＨＩＬＬは自動運転システムを組み込み、国内外で注目を浴びます。いってみれば、世界最小の自動運転ＥＶ(電気自動車)です。で、昨年夏から、羽田空港の第一と第二ターミナルの手荷物検査場の先と搭乗口を結ぶエリア全域に導入されています＝写真。お客さんは自由に利用でき、搭乗口で降りたら、電動車椅子は待機位置まで無人運転で戻ります。羽田をよく訪れる人にはもう見慣れた風景かもしれませんね。利用数は右肩上がりで、先月は９０００回近くも使われたそう。

この夏には成田空港でも実験が始まりました。今度はエレベーターと連携して階をまたいだ移動もできるとのこと。私の91歳の父にいつか体験させてみたいなあ。

#びっくりのリキュール　　ザ ジャパニーズ ビターズ 旨味

酒亭で未知との出合い

当たり前ですが、知らなかったことって、日々もうたくさんあります。だから、その道のプロに聞ける機会というのは貴重です。

以前、日本で数少ないマント(冬に羽織る外套《がいとう》)づくりの職人に教わったのは、欧州発祥のインバネスコートと、日本のトンビとの違い。脇のあき方が違うんですね。トンビの場合、着物の上にまとうことが多かったからでしょう。

先日の話です。時折訪れている酒亭で日本酒をぐいぐいと楽しんでいたら、知識豊富なスタッフから、次の1杯にある提案を受けました。強い酸味のある日本酒に何かを垂らして、「これを飲んでみてください」と…。ずいぶんとまろやかになって、しかも膨らみを感じました。で、その味なのですが、どこか舌に親しみがある。

何を垂らしたのか。スタッフに見せてもらったのがこれ＝写真。手のひらに乗るほどの小さなボトルで、ラベルには「旨味《うまみ》」と書かれている。蓋《ふた》をひねると、スポイト状の管がついています。カクテルの香り付けに使われるビターズの一種なのはわかりましたが、「旨味」ってどういうことか。

これ、いってみれば、だしのリキュールなんです。原材料は昆布、椎茸《しいたけ》、鰹節《かつおぶし》、ユズ、それと醸造アルコールです。海外でバーテンダーとしての経験を重ねた男性が開発を担うＪＣＣ　ＡＧＥＮＴという事業者の商品で、その名は「ザ　ジャパニーズ　ビターズ　旨味」。１００㎖で３０８０円です。千葉県にある古民家が製造拠点だそう。

すぐに私も買いました。これは面白い。ビールとトマトジュースを合わせたレッドアイに数滴加えると深みが出たし、スタウトビールに足すだけでもいい。料理にもよさそうです。野菜を淡い味で炊いた上に垂らすとか…。いや、勉強になりました。

第2章 その「モノ」はどうあるべきか
～「いい」と「すごい」を分けるもの

地域からの商品開発や地域おこしの現場でよく、これこそが重要だ、といわれることがあります――「モノやサービスを地方から発信するのに大事なのは『物語』です」――。

コンサルタントの方や大学の研究者などがしばしば使う言葉なので、皆さんも耳にしたことがあるのではないでしょうか。どの業界を見渡しても、これだけたくさんのライバル商品がひしめいている状態です。また、地域おこしをめぐっても、魅力あふれるよその地域を向こうに回して存在感を高めないといけません。そうなると、商品のスペック(性能や機能)や、地域ならでの特性をただ単に伝えるだけでは不十分で、「その背景にある『物語』を武器にする、場合によっては『物語』をつくり上げる」ことこそ大事だという見立てです。つまり人はそうした「物語」にこそひかれる、だから、その商品なり地域なりのバックストーリーをなんとかつくり上げて、それをもって消費者を積極的に呼び込みましょう、ということですが、これ、本当に正しいのでしょうか。

第1章の解説(11ページ)で私は「『当たり前』を疑う」ことが大事、と皆さんにお伝えしました。それと同じです。商品や地域をヒットに導くには「物語をつくり上げる」ことは不可欠なのか、それは当たり前のことなのか。私にはどうもずっと、なんだかもやもやする違和感がそこにありました。その違和感をそのままにしておかず、ずっと考え続けているうちに、結論が見えました。

私は今、「『物語』をつくり上げて、それを伝える」という戦術は間違いだと確信しています。いや、消費者に「物語」を求める傾向があるというところは否定しません。でも、商品開発や地域おこしに携わる方たちが、みずから「物語」を築き上げて、それを宣伝に用いるという手法には反対の立場です。それはどうしてなのか。なぜこう考えるに至ったのか。

一見、商品づくりや地域おこしを成功に導くためには「物語」を構築して、それをアピールするという手法は正解のように映るかもしれません。数々のテレビ番組などでも、そうしたバックストーリーの紹介をなしているコンテンツは、長年人気を得ているという事実もあります。だったらどこに問題があるというのか。私は2つ、そこに間違いがあると考えています。まず何より、はっきりと言い切ることができるのは、「物語をつくる」という姿勢にもう無理があるという点です。商品や地域をめぐるバックストーリーとは、商品の開発時点、あるいは地域が成り立っている時点で、すでに自然と備わっているべきものであり、後づけでひねり出すものでは決してない。あわててつくり上げ、プロモーションに使おうとする「物語」というのは、それだけで不自然さが伴います。そんな急ごしらえの「物語」に、人は振り向きません。物語づくりが必須だからと練り上げたストーリーでは、SNS全盛時代の今、消費者にそれを見透かされ、また、しらけさせてしまいます。つまりは逆効果となりかねません。

さらに忘れてはならないことがあります。「物語」を編むべきは一体誰なのか、という話です。それは商品の開発者でも、また、地域の担い手でもない、と思います。だったら、誰なのでしょうか。

消費者自身が物語を構築するのだ、と私は考えます。商品や地域を消費する立場から、あくまで自発的なかたちで「物語」を発信するケースはよくあります。「この商品、面白い」「この地域に行ったら、すごかった」というふうにです。そうしたかたちで紡ぎ出される「物語」こそが、拡散力を持ち、商品や地域を盛り上げてくれる一翼を担ってくれるというのが、真に正しいところでしょう。

商品開発の担当者や、地域おこしの担当者が、焦ったり先走りしたりして「過剰に語り始める」のは、だから間違いだと思います。その意味で、「『物語』を見いだして、それを伝えましょう」というアドバイスは見当違いなものと感じずにはいられません。

だったらどうすればいいのか？　必死に商品づくりや地域おこしを進めている皆さんにすれば、そう強く反発されたくなるでしょう。そこで、全国の取材を続けるだけでなく、各地で実際に地域ブランディング商品企画の現場に関わってきた私が意識していることを、ここから述べていきます。

なすべき方向を、まずは整理してみましょう。商品開発や地域おこしに臨んでいる方が、みずから「物語」を練り上げて宣伝するのは、消費者を鼻白ませてしまう恐れがあるし、また、無理やりこじつけた「物語」ができ上がってしまう可能性も高いから、そこはぐっと我慢する。そして、「物語」を紡ぐ役割を果たしてくれるのは、あくまで消費者たちであることをしっかりと踏まえる。

そこまではわかった、ならば何をすればいいのか？　私の考えを申し上げますと、商品づくりや地域おこしの担い手は、「消費者が進んで『物語』を紡ぎたくなるように、それを下支えするための『事実』を淡々と伝える作業をやり続ける」ことが肝要です。魅力的な「物語」を生み出すのに四苦八苦したり、感動のストーリーを脚色したりする必要はありません。そこにある素材(事実)を、シンプルな言葉を使って紹介し続けて、あとは消費者の手に委ねるというのが正解だと思います。

第2章で紹介するいくつもの商品がまさにそうでした。50ページで取り上げる、三重県のデアルケという農園は、濃厚で甘いトマトジュースを2015年に発売しました。過疎の町である紀北町にある、そんなに大きな農園ではありません。派手な広告を打つ余力は当然なかった。ところが、発売直後からクチコミでその存在が自然発生的に広がっていき、いっときは注文から1年以上待たないと入手できないという状態にまでなりました。現在でも、町のふるさと納税で人気の返礼品となっていますし、数年前の伊勢志摩サミットでは各国の首脳が宿泊するホテルの客室に、デアルケのトマトジュースが届けられています。

ではどうしてそうなったのか。デアルケの農園主がしたことは、極論すればただひとつでした。それは商品名に「２００％」とつけたこと。このトマトジュースは「２００％トマトジュース」という名称なんです。消費者はなんだかよくわからない不思議な商品名に、「何だ、それは？」となった。で、デアルケのサイトを閲覧すると、甘さを約束するために、絞ったばかりのトマト果汁（つまり１００％ですね）に７時間以上も火を入れ、トマト果汁が半量になるまで煮詰めて、それを濾《こ》したものがこの商品なのだと知ります。その生産プロセスを。デアルケの農園主は「２００％」という、ちょっとトリッキーだけれど、それはひとつの事実といわれれば納得の短い言葉で表しました。

感動あふれるバックストーリーを長々とつづったわけではありません。また、押しつけがましいプロモーションを繰り出したのでもありませんでした。「２００％」を目指して実践したという事実を端的に伝えることによって、「消費者が『物語』を紡ぎたくなる」＝「人に伝えたくなる」という余地を、そこに創出したということです。商品開発の発想としては、農園主本人にすれば語りたいことなどたくさんあったはずでしょう。でも、そこをぐっとこらえたところが大きかったのではないかと分析できます。

徳島県の山あいにある上勝町でクラフトビールを醸造するブルワリー、ＲＩＳＥ＆ＷＩＮ（５１ページ）の事例からも学ぶことができそうです。それこそ、ブルワー（醸造責任者）みずからがストーリーを語る要素はいくらでもあるのです。過疎の集落を救うためにこのブルワリーを立ち上げたこと。この上勝町はゼロウェイスト（ごみゼロ）を日本の自治体として最初に目標として宣言した地であって、ＲＩＳＥ＆ＷＩＮもまた、その意に沿った取り組みを続けていること。そして、このブルワリーの建物は、廃屋となった建築物から出た建材をふんだんに用いたデザインであること。

でもＲＩＳＥ＆ＷＩＮは、そういった要素をことさら宣伝に使ってはいませんでした。まず何をおいても、国内外で評価されるビールを醸すことに力を注ぎ、それをやってのけました。実際、プロ筋をもうならせるビールを完成させています。そうしたビールの味わいに気付いた消費者が、さらに上勝町の状況や、町を取り巻く背景を知り、クチコミでこのブルワリーを広めていきました。公共交通機関に頼れない山あいに位置するブルワリーなのに、平日でもお客が次々にやって来るのは驚異的な話だと思います。

もうひとつ、64ページの小杉織物のことも、印象に深く刻まれています。福井県の小さな織物工場なのですが、浴衣帯の分野ではトップシェアを長年誇っていました。ところが2020年の春にコロナ禍に見舞われたことで、浴衣帯の受注が完全にストップしてしまいました。このままでは同社で働く約100人の社員を一時帰休させて、工場を止めるしか手はありません。同年の3月、社長はすべての社員を集めて、頭を下げながら、そうした事情にあることを説明します。翌日から工場休止となる、と。

しかし、ただ工場休止して気落ちするだけではありませんでした。明かりが消えた工場で、社長はすぐさまマスクの試作をたった一人で始めます。マスクが当時不足ぎみだったから、ここで一攫千金を狙った？　いえ、全く違ったと聞きました。工場に眠っている絹の生地、金属のワイヤ、そしてひもを織る設備を使えば、入手に困っている人が多いマスクをつくれるのでは、と思い立ったそうです。それに、もしマスクを製造・販売できるならば、社員を工場に呼び戻して、稼働を復活させられる、とも考えた。社員の生活を守るためでもありました。

社長は試作して完成させたマスクを携えて、京都の問屋さんに向かいます。すると、一気に1万枚を超える注文が飛び込みました。すぐに社員ひとりひとりに連絡して、皆を呼び戻します。そして必死にマスクをつくった。浴衣帯が主力の工場であり、マスクを生産したことはもちろんこれまでありませんでした。でも、社員に給料を支払う責任を果たしたいとの一心で頑張ったのだそうです。

7月ごろになって、状況が厳しくなりました。大手どころのメーカーがマスクの生産体制を整え始めたからでした。絹でできた小杉織物のマスクは、生地のなめらかさならではの着け心地のよさから、4月以降に売れに売れてきましたけれど、安くて手軽に使える大手メーカー製のマスクがたやすく買える状態になると、どうしても売れ行きは鈍ります。

社長は「もはやこれまでか」と諦めかけたそうです。「今度は社員たちにどうやって頭を下げようか」

とまで思い悩んだ。ところが7月半ばのことでした。小杉織物のマスクに再び、注文が集まり始めたのです。それもこれまでになかったほどの勢いでした。一体何があったのか。

将棋の藤井聡太さんが、タイトル戦に挑む場で、小杉織物の絹のマスクを着けていたのです。もちろん、同社が頼み込んだり、お金を支払ったりして着用してもらったわけではありません。あくまで偶然です。そして、タイトル戦の中継を通してこのマスクをめざとく見つけたネットユーザーが、これはどこのマスクなんだと注目し、小杉織物の商品だと探し当てます。その情報がネットでまたたく間に拡散して、同社の絹のマスクに消費者は殺到したのです。

この逸話から得られることとは何でしょうか。やっぱりインフルエンサー的な人物が商品を手に取るとヒットに直結する？　いや、そこではありません。私はこう解釈しました。とにもかくにも「すごい」と感じてもらえる商品をつくり上げること。そうすれば、つくり手みずからが無理して「物語」をひねり出そうとしなくても、気付いてくれる人はいます。小杉織物の窮地を結果としては藤井聡太さんが救ったかたちにも見えますけれど、それは誰に促されたわけでもなく、藤井さんが同社のマスクの着け心地を評価したにすぎません。でも、第三者である消費者に「物語」を紡いでもらうとは、つまりこういうことなのだと、私は考えます。それが著名人だろうが、一般の方であろうが、自主的に手に取り、その存在をどういうかたちであれ伝えるという流れであってこそ、その商品は「語られる」ということです。

そこで思いました。ただ単に「いい商品」ではなくて、「すごい商品」をつくってこそ、そうした流れを呼び込めるのではないか。では、「いい商品」を超える「すごい商品」とは何か。それは、商品開発者や地域おこし担当者が、ちゃんと「その商品／地域はどうあるべきか」を熟慮して生まれた商品といえそうです。小さな違いを大切にして、信じたことで、「いい」から「すごい」に化けたのです。

デアルケの農園主はなぜ「200％」を思いついたのか。「誰が何と言おうと、トマトジュースとは甘みこそがすべて」と信じたからだと聞きました。そうして強い商品が生み出され、消費者自身に「ああ、これは語ってみたい商品だ」と感じさせたのです。

「過剰品質」の追求

楽Tシャツ、ファニエル

100万人より100人に向けて

「日本のモノづくりで重要なのは『過剰品質』です」。そう力説したのは、東京・墨田区で出会った中小企業の経営者でした。過剰な品質。コストを上げる「モノづくりの悪い典型」と思うかもしれませんが、むしろ逆なのです。

原料の調達に始まり、製品の仕様に至るまで、とことん突き詰める。結果、この水準はやりすぎだと思える品質の商品ができあがります。でも、そうした過剰品質こそが、中小企業の武器になるのです。

高品質であれば、少しでも安くという価格競争から逃れられます。大手企業は「大量生産」で攻勢をかけられますから。

そう語ってくれた彼の会社「久米繊維工業」では、純国産Tシャツを長年つくっています。主力の「楽Tシャツ」＝写真＝は2000円台と高めですが「丸編み」なんです。脇から裾にかけての縫い目がない。胴全体が筒形なので、着心地は抜群で丈夫です。

過剰品質でいえばもうひとつ、家庭用ワインセラー「ファニエル」。東京のベンチャー企業「さくら製作所」の意欲作です。既存商品の弱点をすべて解消した1台と断言できます。棚の上下を別々の温度に設定でき、しかも、温めることもできる。冬でも、5～20度まで、1度単位で保てます。

家庭用商品でここまで高品質のワインセラーは存在しなかった。だから、品薄になるのです。

こうした事例からわかることは、「『100万人の消費者』に向けた商品をつくる必要はない」という事実です。1000人、いや100人でも振り向かせることができればモノは売れる。モノづくりには、そういう世界があるのですね。

消費者の「意識の下」狙う

人は、本当に欲しているモノを意識できているのか…。答えは「否」である、と思います。すぐ言葉にできる欲求は、あくまで氷山の一角のようなもの。それでいて、思いもしなかった商品が登場すると、私たちは「そう、これが欲しかった！」となる。実際には、その商品を目にするまで、こんなモノを求めているとは意識していなかったはずなのに…。

たとえば、三重県のデアルケという農園が「200％トマトジュース」という商品を製造販売しています。500㎖ボトル1本が、なんと3542円です。

そんな高いジュースが売れるのか。それが、注文しても1年待ちなんです。口の中で甘さがぶわっとはぜて、喉をすうっと静かに落ちてゆく、そんな1杯。

つまり、これが発売されるまで「甘さ際立つトマトジュースが欲しい」と渇望していた人がどれだけいたかという話。登場して初めて「これ、これ」と感じる。

あるいは、名古屋市の愛知ドビーによるヒット作「バーミキュラ　ライスポット」＝写真。8万6184円もする高級炊飯器ですが、大手の商品と互角で売れています。一時は4カ月待ちでした。

ご飯はつややかに仕上がり、しかも肉や魚の低温調理もできます。ローストビーフなど、切り口が美しいロゼ色になります。

この高級炊飯器も「こういうのが欲しい」と言葉にできた人は、そうはいなかったでしょう。

つまり、商品のつくり手は、消費者の〝水面下の意識〟と対話する作業を日夜続けているのです。別の表現をすれば、優秀なつくり手は、私たちの意識の下をめがけて「こんな商品どうですか」とボールを投げ込んでいるという話です。

＃風頼みからの脱却　　RISE&WIN、道の駅 みそぎの郷 きこない

過疎地の成功　工夫次第

過疎地が何に取り組むべきか。

「時間がないんです」。人口が１５００人を切った徳島県上勝町で耳にした言葉でした。彼らは何をしたか。木の葉を集めて料理のあしらいに販売する事業です。今や山あいの町は〝葉っぱビジネス〟で知られています。

さらにこの町で２０１５年に立ち上げられたのが、クラフトビール「ＲＩＳＥ＆ＷＩＮ（ライズアンドウィン）」＝写真＝です。都市の人に上勝を知ってもらうため、町と民間が協力して工場を設立。専門家に「これほどきれいな味わいの『インディアペールエール』をつくる工房はそうはない」と言わせるほどの出来栄えでした。クラフトビールを通じて町を輝かせるとの狙いは、当たり始めたようです。

北海道木古内町では、こんな言葉を聞きました。「外的要因に期待しているだけでは何も起こらない」。ここは人口４０００人ほど。１９８８年の青函トンネル開通で特急列車が木古内駅に止まることとなり、過疎化が止まると沸き立ちました。が、全くのぬか喜びに。

その教訓を、２０１６年の北海道新幹線の開業に生かしました。駅前に「道の駅 みそぎの郷 きこない」を新設。ガソリン代込みで3時間３０００円のレンタカー、何でも応じるコンシェルジュの常駐など、矢継ぎ早に話題性のある施策を打ち出しました。建物という「箱」をつくるだけではなかった。その結果、初年で55万人の来店客を記録しました。

この２つの事例から何を読み取るか。ＲＩＳＥ＆ＷＩＮは何度もクラフトビールの本場・米国に足を運び、木古内の道の駅はコンシェルジュが一流のホテルマン並みの接遇に徹しています。風頼みではだめ。そして、とことんやり抜く。そういう話でしょう。

気候も街並みも味方

「ベンチャーウイスキー」という社名を聞いたことがあるでしょうか。埼玉県秩父市の小さな蒸留所です。ここの「イチローズモルト」=写真=は、日本のウイスキー人気の立役者といっていいでしょう。

創業は、ウイスキー市場が低迷していた2004年。その後の国内でのウイスキーブームは、同社が躍進する歴史と重なります。同社が狙ったことではないでしょうが、今ではプレミア価格で取引されているほどです。

蒸留所をのぞくと、丁寧に丁寧を重ねて仕込んでいるのが伝わります。ですが、社長の言葉は意外でした。「おいしいウイスキーづくりに人が介在できるのは1%。あとの99%は自然環境なんです」

どういうことか。蒸留を経た原酒は樽《たる》の中で眠りにつきますが、熟成を左右するのは気温であって人は制御できません。「1年で気温の差が大きい秩父の環境が、味をつくり上げるんですよ」。なるほど。だから秩父を選んだのか。

その地を取り巻く環境を生かすことは、地域発のヒット商品づくりに不可欠な要素だと私はいつも考えています。魚や野菜、伝統産業の技術にとどまらず、その地特有の気候も、モノをつくる要素になるのですね。

気候に限らない。地元の人にはなんてことはないと思われがちな街並みも同じ。青森県八戸市には、戦前から残る古い横丁が今なお元気です。一時は閉店する飲食店が相次いだといいますが、ここ10年でむしろ新規開店が増えた。

地元の人が一丸となって横丁を盛り上げ、若い飲食店主を周囲が支えた結果だそうです。

ややもすれば「そんなものが貴重なの?」と思いがちなことのなかに、実はヒットのタネがある。見落としては損します。

2019/1/17

#専門店の強み　　根津松本、黒崎鮮魚

「そこにしかない」を

モノを売るのも、個人経営の専門店が生き残るのは難しい時代といわれます。それでも、強い個人店が奮闘しているのも事実です。

東京の下町にある「根津松本」＝写真＝は、その代表格といえる鮮魚店です。売り場はわずか3坪ほど。なのに地元の人はもちろん、都内全域、いや全国から客が訪れます。

なぜか。扱う魚がいろんな意味で「べらぼう」なんです。サケの切り身一切れでなんと2000円、刺し身の盛り合わせは5000円くらいします。売っているのは、その朝、豊洲市場にそろう魚のなかでも〝一の線〟ばかりです。一の線とは「トップ中のトップ」。本来なら東京の超高級料理店だけが仕入れられる、ごく希少な水準の魚です。

そんな高級料理店など、私たち普通の人間はおいそれとは行けません。ですが「根津松本」では、それが手に入るわけですし、料理店で食べることを考えれば、出費も何分の1かで済む。

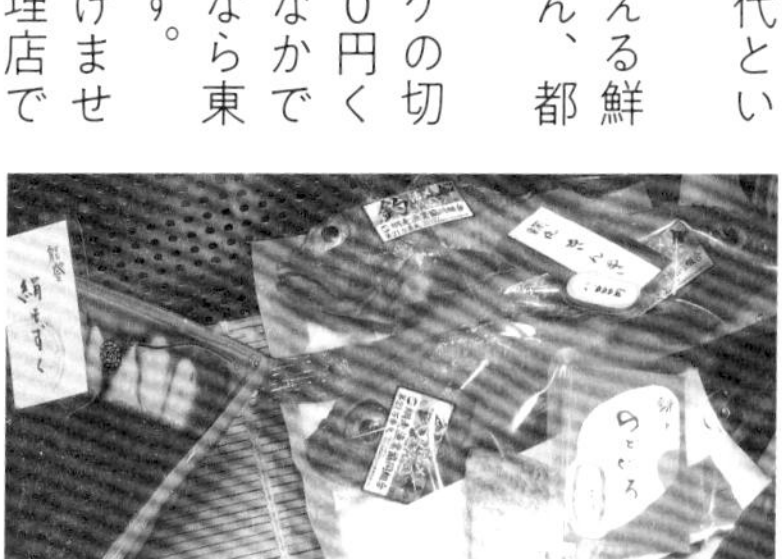

「根津松本」のご主人は、こうした〝一の線〟の魚を仕入れるために何年も苦労を重ねたそうです。その結果、唯一無二の鮮魚店となり、固定ファンを集めている。

否、唯一無二ではありません。北陸・富山県にも、同じような〝奇跡の鮮魚店〟があります。「黒崎鮮魚」という店です。長らく郊外にあるスーパーの一角で、テナントとして営んでいました。扱う魚はやはりすごい。クチコミで評判が広がり、現在では一般客より、名だたるプロの料理人が数多く足を運ぶようになっています。町はずれのスーパーなのに、ミシュランの掲載店が通うほどです。この「黒崎鮮魚」、2月からは新店舗を構え、目利きを尽くした野菜などもそろえるそうです。

専門店が生きていく道は、まだまだあると思いませんか。

＃ヒットに「物語」必要？

つくり手はあえて語るな

マーケティング専門家のなかには「商品をヒットさせるには『物語』が必要だ」と力説する人がいます。背景にある物語が人を感動させるのだから、つくり手がしっかり伝えるべきだと。私は、この考えに大反対です。企業が語れば語るほど、消費者は鼻白むからです。

物語をつづり、口にすべきは消費者自身であって、企業ではない。企業は消費者が語る素材を淡々と提示すればいいと、私は思います。インターネット上のクチコミでの情報拡散が確かに商品ヒットに影響を及ぼす時代ですが、企業がそれを狙って、とってつけた物語を創出したところで、消費者はそれを冷静に見抜きますから。

とりわけ地域産品で〝無理くりな物語〟を目にすることが多々あります。それは逆効果です。

たとえば、私の郷里富山県では4月になり、シロエビ＝写真＝漁が始まっています。「富山湾の宝石」と称される体長5㎝ほどのエビ。身は甘みが澄み渡り、殻はこの上なく香ばしい。今や高級食材として大都市圏でも珍重されています。でも、30年前までは見向きもされない存在だったんですよ。価格は下落の一途で、サクラエビの代用品に甘んじていたほど。

風向きを変えたのは漁師でした。シロエビの物語を宣伝したのか？　違います。漁師たちが地道に自治体や食品会社を回り、味を愚直なまでに伝え、漁師のおかみさんたちは、殻を手むきして身をきれいに取り出す技を駆使した。「富山湾の宝石」という称号が備わったのは、そうした努力のずいぶん後になってからなんです。

「宝石」の価値を語ったのは、あくまで第三者。だからこそシロエビの魅力が伝わった。ヒットに魔法はないし、作為は悪手です。

2019/5/23

＃手書きのＰＯＰ　　Trader Joe's（トレーダー・ジョーズ）

あなたにささやく１枚

ある商品が私たち消費者の心に刺さる時、何がきっかけになりえるのでしょうか。先日、北米を旅してヒントを見つけました。

「トレーダー・ジョーズ」という食品スーパーマーケットの名前、聞いたことがありますか。米国に４００店舗以上を展開していて、健康志向の品ぞろえで人気です。同店のオリジナルトートバッグはデザインがあかぬけていて、米国土産としても注目されています。

シアトルの店舗をのぞいたのですが、私がうなったのはポップ（ＰＯＰ）でした。棚にさしてある、商品の説明が書かれた札です。さまざまな食品が並んでいますが、ほぼ全商品に手書きのＰＯＰが添えられていました＝写真。しかも、同じ雰囲気の文字で、「どんなものか」のひと言コメントが付いています。

たとえば、ドライフルーツひとつとっても、商品ごとに「朝のシリアルに合わせて」とか「七面鳥に添えると完璧」とか「アイスクリームと一緒に試して」という具合。

担当するスタッフがまず試食しないと書けませんよね。それもすべての商品を。日本のスーパーでここまでできているところ、どれくらいあるでしょうか。

とことんやるから、消費者に商品のことが伝わるし、売り場そのものが楽しくなるんです。カナダのバンクーバーにある「グランビル・パブリックマーケット」にも足を運びました。もともと地元の富裕層向けの市場でしたが、今は観光名所でもあります。

超人気のソーセージ屋さんが、やはり手書きＰＯＰで統一していたのが印象に深く残りました。「あなたに伝える」とはつまり、こうした手間を惜しまないことから始まるのだと感じ入りました。

消費者の希望を超える

モノやサービスをつくり出す。その営みに「終わり」はないと、つくづく感じます。今回の2つの企業は、このコラムで一度取り上げています。でも、先日改めて訪ねたら「次はこう来たか」と感じ入りました。

まず、東京の「ホワイトローズ」(123ページ)。約60年前に世界初のビニール傘を開発。その後、約1万円の超高級ビニール傘がヒットしました。今、新商品で品薄が続いているのは…。ビニール傘で、しかも折りたたみ式なんです。その名を「アメマチ」＝写真＝といいます。約1万5000円もするのに、生産が追いつかない人気だそう。

折りたたみ式のビニール傘は、それまで外国産でわずかにあった程度で売れていませんでした。同社はそこに斬り込んだ。開発に3年以上かかったと聞きました。誰もがきれいに、かつ簡単に折りたためるよう、ビニールに折り線を入れたとのことです。透明のビニールですから、差しても視界が開ける。しかもデザインが洒脱《しゃだつ》。これは確かにいい。

社長は語っていました。「消費者の希望通りのモノを、ではなくて、『希望を超えるモノ』をつくることこそが大事です」。まさにこの傘は「超えた」わけですね。

もう1社の話。北陸・富山県で、プロの料理人と一般消費者の両方から支持を得ていた「黒崎鮮魚」(53ページ)です。この春、屋号を「黒崎屋」とし、魚だけではなく肉や野菜、地元のおいしい加工食品までをずらりとそろえ、新装開店しました。

魚だけでなく、ほかの食材も圧巻です。店内をめぐるだけで、この地の食の豊かさを実感できる。新装後は週末など1日に1000人超が来店しているとか。

現状維持でなくあえて前に進んだこの2社は、やっぱりすごい。

「かもしれない」への備え

クルマの運転で大事なのは「かもしれない」の意識だといわれます。「人が飛び出すかもしれない」という具合に。反対は「だろう」です。「まあ、大丈夫だろう」という見込み運転はよくない。

ここからはホテルの話です。先日、北陸のある県庁所在地で一番手とされるシティーホテルに泊まりました。出張続きで着替えに難儀し、到着してすぐ、ランドリーを依頼したのですが、「お盆前後の9日間は休止です」との返答。

宿泊料金はけっこう立派なホテル。相応の態勢を期待していたのですが…。気になったので、ほかの都道府県にある同グループのシティーホテルへ問い合わせたら、多くのホテルでは、お盆期間中もランドリーを普通に受け付けていました。つまり、私の泊まったホテルの独自判断だったのですね。「休止してもまあいいだろう」と。でも、シティーホテルには、その名に見合う態勢が不可欠なはずです。

別のホテルのことにも触れましょう。7月に「ハレクラニ沖縄」＝写真＝が開業。ハワイの名門ホテルの沖縄での拠点で、早速、一般客として泊まってみました。ハード面も飲食面も見事な中身でしたが、それに増して評価したのは、サービス態勢でした。これ見よがしにではなく、さらりと滞在を支えてくれた感じです。

明け方、ロビーに下りると、コーヒーとパンを無料でそっと用意していました。聞くと「朝食のレストランが開く前におなかがすいた方や、朝早くホテルを発つ方のため」だそう。早朝に困る人が「いるかもしれない」という意識を持っていたのですね。

単なるコーヒーやパンの話ではない。いわば矜持《きょうじ》の話です。ホテルとはこうあってほしいものです。

「いい」と「すごい」の差

繰り返し購入したくなる。あるいは、その商品のファンになるとは、どういうことなのでしょう。

私はリンゴからつくられた発泡性の酒であるシードルが好きです。この10年ほどで国産のシードルが実力をずいぶんと高めています。たとえば、山形県上山市の「タケダワイナリー」。1920年創業の老舗で、ここのシードルは食中酒としても格好です。

もうひとつ、2007年創業の新興勢力ですが、富山県氷見市の「セイズファーム」のシードルが、また鮮烈な印象をもたらしてくれます。汗ばむ日にやるのもいいし、やはり料理と合わせても面白い。

寒ブリで知られる氷見の海を見下ろす丘の上にワイナリーがあり、斜面にブドウ畑が広がっています。長く耕作放棄地だった一帯を、創業者たちが懸命に整備したそうです。ここのワイン＝写真＝は、出せばすぐ品切れとなるほどの人気で、すでに実力派ワイナリーのひとつに数えられています。

数年前、セイズファームの社長が、県内で日本酒を醸す老舗の蔵元から叱《しっ》咤《た》激励を受ける場面に、私は偶然、遭遇しました。その蔵元が伝えた言葉は…。「『いいワイン』はつくれている。ここからが大事で、『すごいワイン』に成長させなければならない」

どういう意味か。蔵元に尋ねると、こう解説してくれました。「料理屋さんと一緒ですよ。おいしい店は多くある。でも、心に残るほどの店はそうないでしょう」

いかにその領域までいけるか。セイズファームは蔵元の言葉に従い、「いい」に飽き足らず、「すごい」を目指したから、今の評価を得られたのでしょう。「いい」から「すごい」へ。どの商品でも大事な意識かもしれません。

「コンパクトさ」に勝機

11月4日、東京モーターショーが幕を閉じました。輸入車系の多くが出展を取りやめたこともあり、前評判はいまひとつでしたが、見どころはそれ相応にあったと、私は感じました。子ども向けの仕事体験施設「キッザニア」と連携したブースを設けるなど、主催者の意欲は伝わってきました。単にクルマを並べてショーアップして…といった前回までの構成からの変化は、間違いなくあった。

ひとつ残念だったのは、新興勢力による展示が少なかったこと。今春、中国の上海モーターショーを取材しましたが、独立系のEV（電気自動車）メーカーが多数、展示内容を競い、熱視線を浴びていたんです。それに比べると…。

中国の場合、EVの新興勢力への政府による補助金のほか、IT企業からのおびただしい投資が続いたという背景があります。同列には語れないものの、過去数回の東京ショーでは、とっぴなアイデアをひっさげた中小企業がもっと出展していた記憶があります。

ただ、皆無というわけではなかった。タジマモーターコーポレーションや、FOMM（フォム）といった企業が、スタイリッシュな超小型EVを展示していました。子どもを安全に載せられる三輪モデルだったり、極めてコンパクトなスポーツモデル＝写真＝だったり。

私は日本のEV開発では「軽自動車と電動車椅子の間」のサイズの車種に勝機があると考えています。まず、高齢者の短距離移動に強みを発揮できること。何より、小さなクルマづくりは日本の得意領域なのが理由です。

そして、部品構成がシンプルなEVなら新興勢力が入りこむ余地がある。独立系メーカーも斬新な着想を生かせるかもしれない。だからもっと期待したいんです。

使用時の所作まで美しく

私は毎週のように「これは」と直感的に惹《ひ》かれたモノを購入しています。それも仕事ですから。先日、何の偶然か、所有する革小物を友人から立て続けに褒められました。どちらも国産です。そしていずれも使い始めてずいぶんとたっているものです。

まず、マネークリップです。東京の土屋鞄製造所の「ビークル　マネークリップウォレット」＝写真。現在の値段は2万円強。

財布って、いつしか膨らみますよね。カードや会員証、それに領収書…。でも外出時、とりわけ出張先や旅先で、すべての内容物が必要なわけじゃない。だから私は、このマネークリップに場面ごとに必要な最小限のカードとお札、わずかな小銭だけを入れてポケットに収め、行動します。

いや、ものすごく楽ですよ。ポケットからはみ出さないし、軽いし。第二の財布として、とても重宝します。支払いの場面でも、すっと取り出せるなど、立ち居振る舞いがきれいになる気もする。

もうひとつ友人からいいねと言われたのが、名刺入れ。こちらは兵庫県の姫路に本拠のある「ノーノーイエス」のブランド、「所作」です。名刺を受け渡しする場面で、まさにその所作が美しくなるような名刺入れ。1万円強です。これ、一枚革を使っています。縫うのではなく、折り紙のように折って成形している。そこにまず興味をそそられて買いました。

そのデザインはというと、ふくさをお手本にしているといいます。お祝いの席に臨むときに使う、あれです。ふたの部分がひたすら長く、その長いふたを最初にしゅっと折るしぐさがポイント。

この2つの〝語れる〟革小物。時とともに革の味わいが増しているのもまた、うれしいところです。

2020/4/2

＃何度も訪れたくなる趣向　伊豆沼農産

自分だけの生ハム　熟成

六次産業化の先駆けとよく称されるのは高知県の馬路村です。

六次産業とは農家や漁師が産品を生かして商品開発し、販売までを手がけるというもの。用語は21世紀に入ってから注目されたのですが、馬路村は1970年代から、ゆずの加工に着手。88年にゆずドリンクの「ごっくん馬路村」を発売し、大ロングセラーに。六次産業の数少ない成功事例として、今も評価されています。

ここからが本題ですが、「ごっくん馬路村」が登場したのと同じ88年に、実は東北でも六次産業化のはしりともいえる動きがあったことを最近知りました。宮城県の「伊豆沼農産」が中心となり、畜産の分野で新境地を切り開いていたんです。

畜産農家の後継ぎだった社長は当時、こう思い立ったそうです。

「生産効率は追わない、規模も追わない。自分で育てた産品に、自分で値をつけ、多くの人に食の世界を伝えていきたい」

ハムやソーセージをつくるだけではなく、この時期には珍しかった農家直営のレストランを併設し、豚肉料理を提供。2002年からは「伊達の純粋赤豚」の飼育と販売にも着手しています。

さらに、体験型のサービスにも注力し、5年前から生ハムづくりもできるようになりました。1～3年の間、専用施設で1本の生ハムを寝かせてくれ、しかも途中で自分の生ハムの試食もできるそう。「もう少し熟成させたい」と感じたら再び寝かせてくれる仕組みなのが面白い。値段は約3万円＝写真。

このサービスの要諦は生ハムの熟成度を見るために何度も宮城を訪れる機会をつくろうと、お客が思うところでしょう。それは伊豆沼農産側にも大きな励みとなる。こういう趣向、大事ですよね。

近場の飲食店“定点観測”

皆さん、今年のお盆はどうお過ごしになりましたか。「オンライン帰省」や「オンライン墓参り」が注目を浴びたほどの状況ですから、長距離の移動を諦めた方も多かったのではないかと思います。わが家も旅を自重しました。で、近場にある行きつけの飲食店への来訪を満喫しました。それも全く同じ店に、短期間に何度も。

せっかくなんだからいろんな店を訪ねるほうがいい？　いや、それも確かですけれど、ひとつの飲食店を高い頻度で体験するのにも、また別の妙味があるんです。

繰り返し行ったのは、東京・豊洲市場の「高はし」。以前もつづりましたが（21ページ）、週の何日かは1万円もするコースを予約制で提供する、市場内の店としては異例の一軒。

何が面白かったか。ここの名物のひとつであるアジ酢＝写真＝が日を追うごとに味わいを変えるんです。同じアジがだんだんと練れていくのが、数日と置かずに再訪すると実に理解できる。酢で締めたばかりのアジ、何日か寝かせたアジ、どちらがうまかったか。はい、両方ともそれぞれに…。

以前もこうした遊びをしていたのを思い出しました。毎週のように北陸のとある街に出張を繰り返していた数年前、一軒の大衆割烹《かっぽう》に毎回立ち寄り、6月から9月の間、毎週、地物のアユを味わいました。この店に通い続けたからこそ、週を経るごとにアユの移ろいを実感できたのを覚えています。

今回改めて感じました。飲食店の〝定点観測〟をすると、思わぬ発見がありますよね。なかなか遠出できない時期だからこそ、近隣の飲食店をこういったかたちで利用する手はあるのでは。生活に制約のある今だけに、なんとかして、こんなふうに楽しさを見いだしたいなあ、と思います。

2020/9/10

＃近場のホテルへ　　SORANO HOTEL

足元の魅力を再認識

先週、久しぶりの関西出張に行ってきました。泊まったのは琵琶湖に面した滋賀県・大津のホテル。客室から湖をゆったりと眺められたのがよかった。そのひととき、出張が旅になった感覚でした。

　で、思ったのですが、関西に住む人には、小さな旅の目的地として、このホテルは選択肢になるのでは、と…。いまさら大津へ？などと言わず、この風景の価値を見直す契機としていいかもしれないと思うからです。

　ここからが本題です。東京・立川に一軒のホテルが開業しました。「SORANO HOTEL（ソラノホテル）」という名で、地元企業が手がけた独立系のホテルです。JR立川駅から歩いて行ける再開発エリアの一角。観光地でも何でもない立地環境ですけれど、全81室というさほど大きくないホテルが、かなり面白い。

　まず、客室もパブリック空間も、木の風合いを生かした洒脱《しゃだつ》なデザインです。レストランは日本料理を基調に置いた軽やかな料理を提供。一番の見どころは最上階にあるプール＝写真＝です。この地に根付いている大きな公園を見下ろし、プールの先端が水平線になるようなつくりとなっています。海外のリゾートホテルかと見まごうようなプールなんです。

　コロナ禍での開業でしたが、客室稼働率は80％を超え、週末はほぼ満室続きと聞きました。1泊1室あたり5万円以上というかなり強気な設定なのに、です。レストランは予約しないと入れない状況らしく、それも異例です。

　さらに尋ねると、訪れているのは地元客が多いらしい。こうした利用法は十二分にありだと思いますし、何より、この大変な状況下で地元需要を掘り起こしたホテルの努力を評価したくなります。

著名人頼みではない

各地の企業からよく相談されます。「インフルエンサーを使って、この商品を売れませんか」と。

インフルエンサーというのは、消費者の購買行動に影響をもたらす存在を指します。ネットなどで商品を取り上げたら、それがたちまちヒットするというような…。でもそれって、企業の側がコントロールすべき話では本来ない。

ネットで火がついてヒットに直結した商品は多々ありますが、企業がそれを最初から目指すのは話が違うと私には感じられます。

福井県の小杉織物という町工場がつくった絹のマスク＝写真＝が大ヒットしていますね。4月に出した第一号商品は肌触りがすこぶる良く、値段は1650円と高めですが、それでも売れた。今では1日8000枚の生産体制とか。

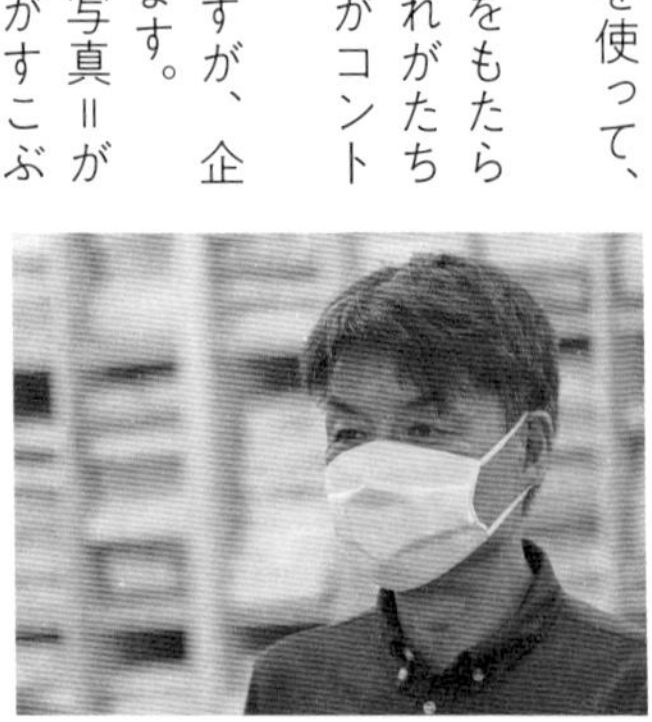

「これ、棋士の藤井聡太さんが大事な一戦で着けていたマスクでしょ」。はい、そうです。でも、同社が働きかけたわけではない。もともと浴衣帯をつくっていた同社は、コロナ禍で3月に休業を余儀なくされました。従業員は働く場を失った。社長は休業の翌日に立ち上がります。社内に余っている素材だけを使ってマスクをつくれないか。わずか6時間で試作を完成させ、たった1枚のマスクを手に、京都の問屋に向かいました。

たちまち注文が入り、社員が働く場所を取り戻せました。マスクの原材料不足だった時期に、社長がすぐ行動したからこそのヒットだと、私は分析しています。

藤井聡太さんが同社のマスクを着けた映像を目にした時、「これでまた売れる」とは思わなかったそう。「大事な勝負の場でうちのマスクを着けてくれたなんて」との感激だけだったらしい。クチコミをあてにしてはいなかったんです。

2020/10/15

#自宅のチューンアップ　ポップインアラジン2、めざましカーテン モーニンプラス

目が覚める発想の逸品

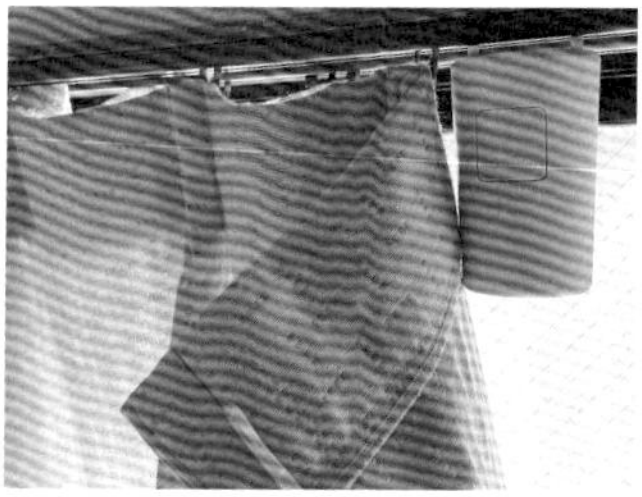

コロナ禍によって自分の体を在宅で鍛えようと考える人が増えていますね。おうち時間が長くなっているからでしょう。今回は、自宅そのものをチューンアップする傾向もまた現れている、という話です。

その一例が、家庭用プロジェクター市場のにぎわいでしょう。「ポップインアラジン2」(Aladdin X)は天井に設置するシーリングライトと一体になったプロジェクター。9万円台もするのに話題を呼んでいます。これなら映像を投影しようとするたびに、いちいち本体を持ち出して調整する必要もない。リビングや寝室の白い壁を活用するにもいいですしね。まさに「この手があったか」とうならせてくれます。

プロジェクター以外でも思い浮かぶモノがあります。2016年に第一号商品が発売されるとたちまち完売し、現在は改良版が堅調に売れている商品です。

その名は「めざましカーテン　モーニンプラス」(ロビット)=写真。順番に説明しますね。まず、高さ11cmの本体をカーテンレールにはめ込みます。具体的には、写真のようにカーテンの端っこのフックを一度外し、そこに取り付ける。あとはスマホアプリと連携させます。アプリ上で指定した時刻になったら、電動でレールを滑っていき、カーテンが自動的に開く仕組み。

それがどうした？　いえいえ、朝、目覚める時に自然の光で起こしてくれるということですし、こういう演出って、超高級リゾートホテルでもなかなかないものだと思います。工事は不要で、設定もとても楽。値段は7000円台半ばと、驚くほどではない水準です。

両開きのカーテンの場合、本体が2台必要となるなど、細かな点で気になる部分がないわけではありませんが、その発想にはやはり「この手があったか」と思います。

介護用品　「夫に」「私に」

商品開発ではターゲットを絞ることが大事といわれます。ですが、狙った消費者層ではなく、思わぬところや、異なるところから大反響がある――という事例が意外と存在します。最近では、ネスレの麦芽飲料「ミロ」が突然品薄になりましたね。子ども向け飲料のロングセラーですが、実は大人にとっても役立つ1杯ではないかと、クチコミが広がった結果です。

ほかにも、私がとりわけ興味深く感じた例があります。

東京・墨田区のフットマークという会社は、もう40年以上、介護向け商品を開発し続けています。2000年代半ば、同社は介護される人が着ける食事用エプロンを発売しました。食べこぼしによる衣服の汚れを防ぐ商品ですが、これ、介護する側の視点ではなくて、介護される本人の気持ちを考えたといいます。エプロンに襟をつけて、結構洒脱《しゃだつ》なデザインにした。だから、エプロンを着けるのが嫌にはならないだろうと。

すると、介護の世界だけではなく一般の消費者からの問い合わせが殺到したそうです。「服をよく汚す夫に着けさせたい」「私自身が使ってみたい」などと。

ならばと、同社はさらにデザインを工夫して、より多くの人が普段から使える新商品を開発しました。それが「テーブルウィズ」＝写真＝でした。エプロンというよりストールのような形で、首から掛けて使います。5500円という値段ですが、2018年の発売当初は品切れも起こしたそう。

洋装にも和装にもいい色合いなのがミソですね。東京・東銀座の歌舞伎座にある売店では、コンスタントに売れているらしい。

同社の担当者によると、この意外なニーズは「もう目からうろこだった」らしい。ヒットの芽はどこにあるかわかりませんね。

2020/12/17

#輪切りで食べるリンゴ　　こみつ

「こみつ」の秘密　甘い蜜

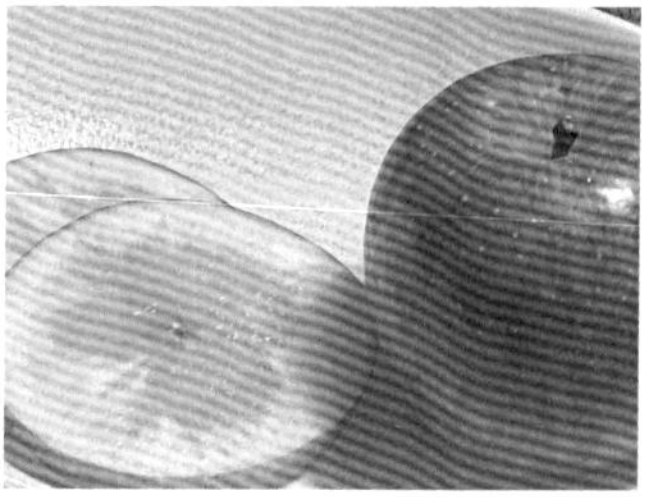

果物、食べていますか？

先日、あるラジオ番組に生出演した折、パーソナリティーの女性が沖縄県の「島バナナ」に夢中だという話で盛り上がりました。緑色のまま出荷され、消費者が購入してから追熟させるバナナ。値段は高いのですが、甘みと酸味の調和が楽しい逸品であると思います。

値段が高いといえば、私がはまっているのが、青森県のリンゴです。JA津軽みらいが販売している「こみつ」というもの。これ、普通のリンゴのように縦に切るのではなくて、横方向から薄くスライスするように輪切りにするのがお約束です。で、まん丸の形にスライスした後、切り口を見ると…それはもう見事なまでに、半透明状になった蜜が広がっているんです＝写真。

その味はどこまでも優しい甘みと表現すればよいかもしれません。リンゴの酸味が苦手という人ほど、きっと驚きを覚えるはず。この「こみつ」、けっこう小さな玉です。かつては品質をそろえるのが大変だったらしく、一度は消滅しかかったと聞いています。

でも、蜜の豊かさで群を抜いているのは事実でした。地元のJAが粘り強くその価値を伝え続け、復活したリンゴといいます。

価格は2kg（10玉前後）で4000円ほどしますから、決して安くはないのですが、今では毎年、またたく間に売れていくようです。

実を言えば、この「こみつ」、私自身がその存在を探し当てたのではなくて、偶然、二人の知人から教わったんです。一人は「日本最高の鮮魚店」とも称される東京・根津の「根津松本」（53ページ）のご主人。もう一人は東京・豊洲市場の食堂「高はし」（21ページ）のご主人。どちらの店も、このコラムで取り上げています。食のプロはやっぱりすごいなあ。

今こそ地域密着に徹する

コロナ禍に見舞われた社会状況下だからこそ、それぞれの地域の持ち味を再認識することが重要と思います。まずは地元の人に振り向いてもらう。そこに活路を見いだせますからね。

その意味で、2021年は「地方の底力」にますます注目すべきではないかとも感じます。で、実際に見渡してみると、地域密着型の商業施設が相次いで登場する1年になるとも予想できますよ。

たとえば奈良市に開業予定なのは、魅力的な生活雑貨を扱うことで知られる中川政七商店による複合商業施設です。同社の本拠である奈良で、「この場所でしかできない」をテーマに、物販や飲食、ワークショップを提供するそう。

すでにオープンしている施設でいいますと、岩手県の陸前高田市に2020年末開業した「CAMOCY(カモシー)」が実に興味深い=写真。この地に元来根付いていた醸造・発酵文化を、地元の人に再び感じ取ってもらおうという施設。蔵をモチーフにした木造平屋建築で、そう大きくないのですが、和食の食堂あり、ベーカリーあり、チョコレート屋さんあり、クラフトビール工房ありと、見どころはいっぱいという印象を抱きました。

場所は、あの「奇跡の一本松」の近くです。創業200年超の醤油《しょうゆ》醸造所や、東日本大震災の直後に救援基地として機能した自動車教習所など地元の企業経営者たちが出資し、構想から10年近くを経て実現したのが、このCAMOCYと聞きました。ほかならぬ地元のお客さんがひっきりなしに訪れているんですね。自分たちの街の宝物を大事にするかのようにこの商業施設で時間を送っている。

街の外から人を呼べない状況でのオープンなので、まずは徹底した地元密着を期したそうです。その意識、とても大事と感じました。

2021/2/18

＃地場産業　　中川政七商店

活性化へ“局地戦”有効

大変な時期だからこそ、各地方で地元を大事にする動きが生まれていると、このコラムで何度もつづってきました。68ページに少し触れた、中川政七商店が初めて手がける複合商業施設の建築現場を見てきました=写真。

全国に約60店舗を展開する生活雑貨の老舗ですが、この4月、本社のある奈良市に、この新施設をオープンさせます。その名を「鹿《しか》猿《さる》狐《きつね》ビルヂング」といいます。工芸品などの物販空間のほか、飲食店も入るのですが、私が注目しているのは、3階にできるというコワーキングスペース。仕事を自由にできる共有空間です。同社は、新しいビジネスを始めようという人を、この空間の活用で応援したいと言います。

そこには理由があるらしい。「工芸と街づくりには大事な関係がある」という確信があるからだそうです。工芸の世界が現代で元気に復活を遂げれば、その産地全体も元気になる。だからこそ、この複合商業施設のコワーキングスペースを舞台にしながら、工芸の世界、あるいはそれ以外の産業の世界と、新たなビジネスに臨みたい地元の人を結びつけようと考えた。そして、ここから街を元気にしよう、さらには奈良で培ったモデルを、ほかの地域の人たちにも伝えていこうという話なのですね。

私にはとても意義ある試みに感じられました。なぜか。地場産業が元気を取り戻すには、その業界全体で取り組むことが大事ともいえますけれど、必ずしも足並みがそろうとは限らない。やる気の温度差が企業間であらわになりがちだから。私自身、そんな事例を数々この目で見てきました。たとえ小規模な動きでも〝個人戦〟、〝局地戦〟が実は有効なんですね。このコワーキングスペースから新しい風が吹くのを期待します。

2つの利き酒店で体感

飲食店での酒類提供が東京都内などで停止要請されている状況にあって、お酒の話をするのは恐縮ですが…。あえて今回は「全部そろえる」ことのすごみについて、お伝えしたいのです。

新潟県に「ぽんしゅ館」＝写真＝という、地酒を試飲できる店があります。新潟駅や長岡駅などの駅ビルに3店舗展開しています。その土地の地酒を楽しめる店は、どこの地域にもあるかと思いますが、ここのすごみは新潟の全蔵の酒を集めているところです。新潟といえば最も日本酒蔵の多い県といわれており、その数はおよそ90。例外なく全蔵の酒を集めるというのは、そう楽な話ではないですよね。ここから好きに利き酒できるのが、まさに面白み。

つくづく思うのは「一部ではなくて全部」であることの意義です。以前、このコラムで沖縄の「いちゃゆん」という泡盛のことをつづりました（128ページ）。県の酒造組合が旗を振り、全46の蔵の泡盛をブレンドした1本をつくり上げた。ひとつの蔵でも欠けたら価値を失うだけに、よく着手したなあと感じました。

もうひとつ、事例をお話しします。富山市の岩瀬という町に「満《ま》寿《す》泉《いずみ》」を醸す桝田酒造店があります。この蔵が町のなかに「沙《さ》石《せき》」という店舗を構えています。伝統的建築物を生かした空間で、みずからの蔵の酒を立ち飲みで提供しているのですが、酒瓶を数えたら、実に80種はあった。希少な貴醸酒あり、20年近く前の古酒あり…。この蔵のすべてがそろっていると表現して差し支えないでしょう。1杯単位でお金を支払ってもいいほか、30分2000円で飲み放題という趣向もあり、酒好きにはたまりません。

「全部そろえる」ことで、そこに価値が生まれる。これはお酒に限った話ではないかもしれません。

食にさとい人の心つかむ

たとえ幅広く誰もに売れなくても、ある特定層の心をしっかりつかんだ商品は、やはり立派なヒット商品と表現できますね。今回はキッチン道具の話をしましょう。

「ベルベタイザー」(ホテルショコラ)という家電製品が昨年末、英国から日本に上陸しました。電気ケトルのような形状なんですが、これ、ホットチョコレートをつくるための単一用途の機器です。別売りのチョコフレークと牛乳を本体に入れてスイッチを入れると、2分半ほどで滑らかな舌触りのホットチョコが出来上がります。値段は1万円と安くはない。でも、ホットチョコの完成度には納得できました。こうした「一芸に秀でたキッチン道具」って、この10年でさまざま登場しており、結構売れています。

もうひとつ、価格が高くても特定ファンをつかんでいるという話を。WONDERWOOD(ワンダーウッド)という木材を扱う東京の会社が出している、まな板です。その名も「MANAITA」=写真。1万円強からです。なぜまた、そんなに値が張るのか。国内で育った樹齢100年以上のイチョウの木を使っているからなんです。で、この商品が品薄になるほど売れていて、同社自身も予想以上と驚いているらしい。

イチョウの木は抗菌性、耐水性、刃当たりの優しさにたけているだけでなく、復元性(傷がついても戻りやすい)もあるそうで、まな板には好適だそうです。同社はさらに「音」を大切にした。包丁がまな板に当たる音が気持ちよければキッチン空間が明るくなる、と。まな板に必要なのは、毎日の料理を楽しくできること、それに尽きると考えたといいます。

今回の2つの商品、どちらも強い独自性を貫いたからこそ、一定の人が振り向いたのだと思います。

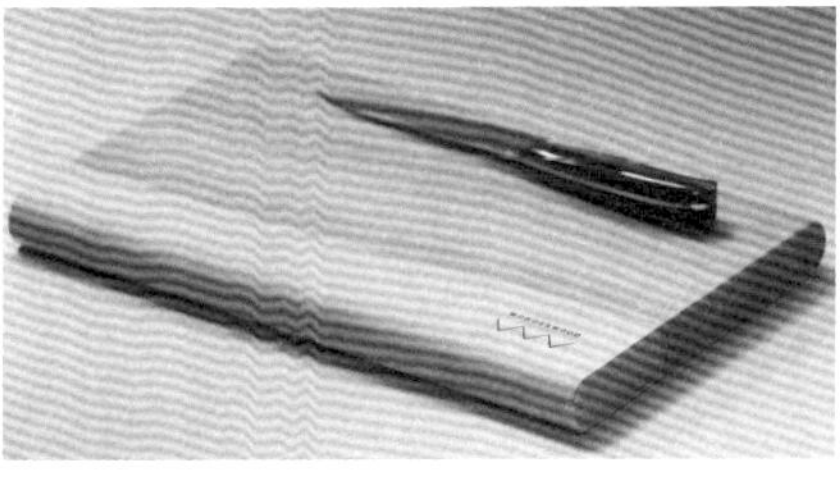

2021/6/3

T&T TOYAMA　#ウイスキーのボトラーズ事業

苦しみも成果も共有

苦しみも成果も分かち合おうというビジネス、こういう時代だからこそ私は評価したい。以前つづった事例でいいますと、奈良市の「中川政七商店」が、この春に開業した複合商業施設がそうです(69ページ)。同社はその施設の中に、広いコワーキングスペースを設けた。新しく起業したい人と伝統産業に携わる人を結び付けるためです。商業施設だから物を売ってお金を稼げる面積をたくさん確保するのが常識でしょうが、それよりも業界全体のことを考えた。

で、今回は、富山県で立ち上がった「世界初、ジャパニーズウイスキーのボトラーズ設立」という話。その名を「T&T TOYAMA」といいます。ボトラーズは、蒸留所からウイスキーの原酒をそのまま買い取って、蒸留所とは独立した形で独自にウイスキーを熟成する事業者のこと。独自熟成を経たウイスキーをボトル詰めして販売します。

それがどうした？　と思われるかもしれませんね。でも話を聞いてみると、深い意味があった。このボトラーズ事業は、地元でウイスキーを販売する「モルトヤマ」と、戦後ずっとウイスキーづくりを手がけている「若鶴酒造」=写真=の協業によるものです。本場スコットランドでは分業制が定着していて、蒸留所のほかにボトラーズ事業者が多数存在します。小さな蒸留所にすれば、原酒をボトラーズに販売することで、何年間も熟成させるのを待たずともお金が入ります。そしてそのお金を使ってウイスキーづくりに専念できます。つまり、分業制はウイスキー産業を育てるのに大きく寄与している。

小さな蒸留所が急速に増えてきた日本でも、こうした分業が必要と彼らは考えた。古参の蒸留所が新規事業者のためにひと肌脱ぐなんて、文字通り苦しみも成果も共有するという取り組みに思えます。

「心づけ」　渡す側に楽しさ

　個人的な話で恐縮ですが、30代の頃、粋がって続けていた習慣がありました。それは「財布にぽち袋を忍ばせておくこと」。ちょっとしたお金のやりとりで、お札を裸のまま渡すよりいいから。

　まあ、実際にぽち袋を使うのは宿などで心づけを手渡す場面くらいですけれど、ぽち袋を携えていること自体でなんだか大人になったような気分に浸れる。勝手に誇らしげに感じていたものです。当時よく買っていたのは「嵩山堂《すうざんどう》はし本」や「鳩居堂《きゅうきょどう》」などの商品。

　そんな私も、もう50代ですから、もう一度ぽち袋を常備してもいいかなと、ふと思い立ちました。で、今回選んだのは「裏具《うらぐ》」という店舗のもの＝写真＝です。京都の五花街のひとつ、宮川町の路地裏にある、２００６年創業の新しい店。ネット通販でも入手できます。その柄が洒脱《しゃだつ》というか、生意気な表現をすると余白の美を感じられるデザインが気に入ったんです。今の季節なら「雨ツバメ」の柄などがぴったりです。３枚入りで４６２円。この額の出費で豊かな気持ちになれるのは、いい買い物にも思えます。

　ここからはちょっと余談です。「宿に泊まるとき、心づけは必要なのか」という議論がありますね。サービス料を支払うのに、どうして心づけも必要なのか、と。

　ある老舗旅館のご主人が以前、こう話してくれました。「心づけというのは、渡す側の人、つまりお客が『振る舞う楽しさ』を得られることに意味があるんです」

　ああなるほど、心づけは欧米のチップ制度とは違って、気持ちの問題なんですね。楽しさこそが重要なのだという話。だとすれば、ぽち袋もこだわって選びたい。ややもすればぎすぎすしがちな時代だからこそ、心づけのやりとりを大切にしたい気がします。

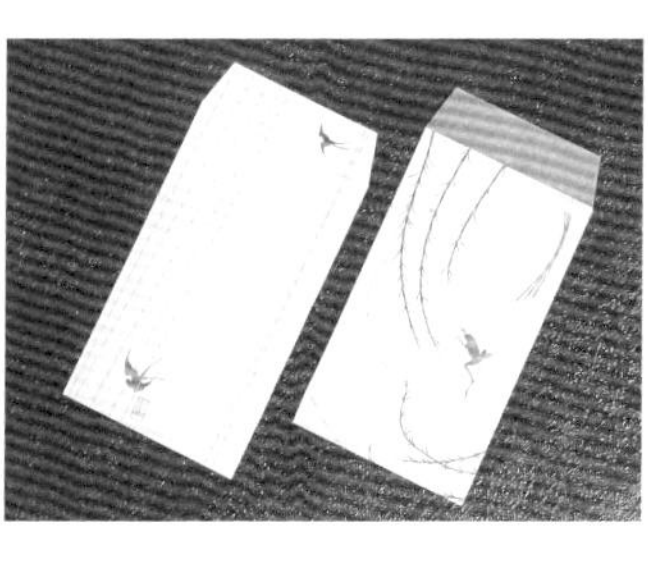

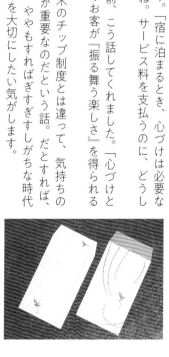

1個の石鹸で旅気分を

人をあっと驚かせる贈り物をするには、最低いくらの出費が必要か。品のない話ですけれど、その値段のことをよく考えます。

5000円ならば、愛媛県の「有《あり》高《たか》扇《せん》山《ざん》堂《どう》」の「ゆ・わ・い」という水引のボトルサックに、手頃なワインか日本酒を1本収めるとちょうどいい。2000円台では、東京の和菓子店「wagashi　asobi」の「ドライフルーツの羊羹《ようかん》」でしょう。切った表面を見ると、イチジクやイチゴなどが美しい模様を描くテリーヌのようで面白いし、もちろんおいしい。

では、それ以下では？　1個あたり200円ちょっとの石鹸《せっけん》を挙げてみたい。1箱12個入りで2530円なのですが、ごく親しい友人や同僚に1個ずつバラで手渡せば、210円ほどです。どんな石鹸かといいますと、日本を代表する宿と表現して差し支えない京都「俵屋旅館」の石鹸「サヴォン・ド・タワラヤ」＝写真。

俵屋旅館は、客室内で提供する品々をご主人みずからの手でつくり上げていることで知られています。洒脱《しゃだつ》なグラス、あるいは寝具や寝間着もそうです。で、洗顔時やお風呂に入る時に使う石鹸までも、大手メーカーと一緒に開発してしまった。個包装の石鹸は上等なお菓子かと思うほど端正な姿です。使ってみると、穏やかな香りで気持ちが和らぐ。安らぎと高揚感を同時に得られるような石鹸です。

俵屋旅館というと、ハードルが高く感じられるかもしれませんが、石鹸を購入するだけならば、宿のそばにある直営店「ギャラリー遊形」でもいけます。オンラインでの通販もありますしね。

この宿の奥深さを石鹸ひとつからでも味わえるのが楽しいんです。しかも手の出せる範囲の価格で…。人を驚かせ、満足してもらえる商品の最安値級かもしれません。

つくり手の主張は明快に

「こうあるべきだ」というつくり手の主張が明快であればあるほど、その商品は光を放つ、といつも思うのです。過去につづった商品でいうと、デアルケの「200%トマトジュース」(50ページ)が好例ですね。「トマトジュースは糖度(甘さ)こそが生命線」という農園主の信念を貫いて開発した結果、大ヒットしました。かなり尖《とが》った考えだと感じますし、それに振り向く消費者はどれほど存在するのかとも思わせますが、今も売れに売れている。尖っているからこそ、むしろ多くの人が買いたくなったのでしょう。

で、今回の話です。先日、東京都内の展示会で「尖っているなあ」と感じ入った新商品に出合いました。東京商工社が8月に発売した「華麗なる保存食セット」＝写真＝で、値段は4000円弱。

これ、カレーしか入っていない備蓄用非常食のセットなんです。カレーライス、ドライカレー、カレーうどん、さばカレー、甘口カレー、そしてカレー味のおこげ(米菓)という6つの商品はどれも、そのまま食べられるか、調理手順の少ないものばかりです。あとは、3回分の加熱袋とウエットティッシュも、箱の中に収まっています。

真面目に開発したのか、ふざけているのか。担当者に尋ねたら「非常食を購入するハードルを下げてもらうには、消費者に味のイメージがつきやすい内容なのが大事」と思い立ったそう。防災意識を喚起するには、もうこれくらい尖っていないといけないのでしょうね。

この商品にはもうひとつの意味がある、と私は考えます。非常食って「普段慣れ親しんでいる味」だと、いざという場面で本当にありがたいんですよね。そういう点でも、この商品は強いと思います。

安い商品を推す百貨店

「その企画に事業性はどこまであるか」と、会議の現場でよく尋ねられます。ちゃんと売り上げが立つのかという問いかけですね。

私の返答は決まっています。「極小単位での事業性にこだわりすぎると、全体の事業性を損ないますよ」。商業施設でいえば、坪面積当たりの売り上げばかりを気にすると、面白みのない空間になり、結局は客を呼べず、施設全体の事業性が低くなるという話です。

以前、東京・立川に昨年登場した「ＳＯＲＡＮＯ　ＨＯＴＥＬ」のことをつづりました(63ページ)。準備段階で開発責任者は最上階に美しいプールをしつらえようと提案しました。コストがかかり事業性に欠けると猛反対に遭いましたが、主張を貫きます。開業後、プールの存在が話題を呼び、異例の客室稼働率をたたき出しました。つまりむしろこのプールが事業性を生んだ。

ここからが本題です。熊本県の老舗である鶴屋百貨店＝写真＝が、面白い取り組みを続けています。メルマガ会員に毎週「Ｙａｋｋｏの『鶴屋で発見！』」というコンテンツを配信。そこで紹介される商品は…意外なほど安いものばかり。老舗百貨店だけに高価な商品を続々取り上げてもいいはずなのに、真逆なんです。１０００円台の小さなナイフ、３０００円台のスリッパなど。毎回、写真や説明描写がとても生き生きとしていて、これは現物を見たいと思わせます。

Ｙａｋｋｏさんは実在する一社員だそう。全フロアをくまなく歩いて、安くて楽しい商品を探しているらしい。そして…あえて安価な商品でいこうと強く推したのは、同百貨店の会長だったといいます。メルマガの開封率は高く、来店を促す効果抜群となっているそう。低単価な商品紹介がどこまで役に立つのかと思いきや、実は「事業性がある」企画なわけです。

心に刺さるもてなしを

「リベンジ消費」という言葉を秋以降、よく目にしますね。感染者が減少した今、いよいよお金を使おうという動きが現れ始めました。正月のおせちはちょっと高額なものに予約が集まっているようですし、婦人服なども好調と聞きます。

一方、旅行関連はまだリベンジ消費の恩恵を完全には得られていない状況です。年末年始の国内線の予約も全面復調とまではいえません。それでも10月以降、じわじわと人の流れは出てきています。大きなかばんを携える旅行客の姿を以前より見るようになった。

観光関連の事業者にとって、この局面で重要なのは「訪れる人を落胆させたら、2度目はない」という強い意識だと思います。わざわざ来てくれた「あなた」を大切にする気持ちこそが問われる。

ある地方都市に先日出張した時の話をします。東京に戻る夕刻、私は空港内にある手軽な価格帯のすし屋に入りました。この都市からの羽田便は需要減でこの秋から減便となり、最終便は18時台と早くなった。このすし屋にすれば、客数はコロナ禍の前に比べて激減でしょう。それでも…。すし職人の気迫がすごかった。カウンターを囲む旅行客にひとつひとつのすしダネを熱心に説明し、「今日はシケで魚種が少なくて」と詫《わ》びながら、手間のかかる煮こごりや締めものを巧みに使って客を楽しませていました。真鯛《まだい》の酢締め＝写真＝は「名人と呼ばれたすし職人の技を学んでつくりました」とのこと。こうした言葉に客のみんながうなずいていた。

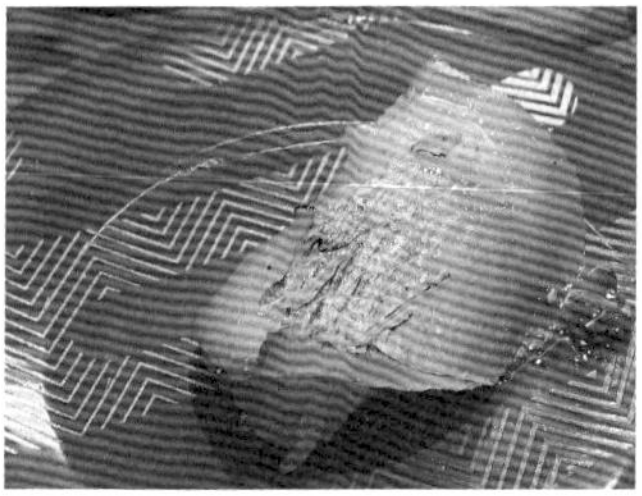

私はこの都市への出張で、新幹線の駅にあるすし屋も訪れていますが、こちらでは、旬の握りと銘打ちながら明らかに漁期を大きく外したタネを黙って出していました。両者の姿勢の違いはこの先、決定的なものになるかもと思いました。

地元に根づいた味

再び、出張や旅行がしづらい社会状況になりました。こういう時は、スマホで撮りためている画像を改めて掘り起こしたくなる。「ああ、またここに行きたいなあ」と。たとえば…。

秋田市の「獬《しえ》」という和食店。ひと皿ごとに意表を突かれます。とりわけ記憶に残るのはポテトサラダといわれて出された乳白色のペースト。ジャガイモではなく里芋を練り上げた、舌にとことん優しい品でした。

鹿児島市で撮影していたのは「松幸」の大きな鶏の唐揚げ。香ばしくてビールが進みます。一見すると入りにくい佇《たたず》まいで、メニュー表もないという店ですが、初めて訪れた折でも居心地は良かった。

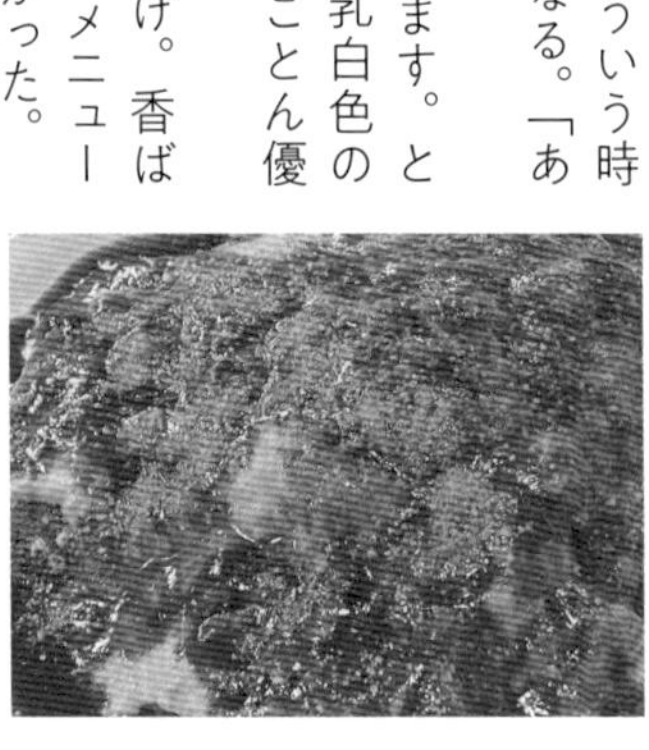

もう一軒、画像をめくっていて手が止まりました。奈良市に出張した日に仕事仲間から教わった、「グリル・チェンバー」という店。近鉄奈良駅近くのビルの地下にあります。よほどのことがなければたどり着かない地味な場所で、しかも洋食屋とも酒場ともつかないディープな雰囲気だけに、聞かなかったらのれんをくぐっていなかったでしょうね。客層は多彩です。一人の客もいれば、家族3世代で楽しく食事する姿もあった。

店は壮年のご主人だけで切り盛りしています。料理は「アボカドまぐろ」「鶏炙《あぶ》り」など、いかにも酒を誘うものがそろっていて、選択に悩みます。

ご主人が「粕《かす》汁、飲みますか」と突然尋ねてきました。メニューにはない品ですが、寒い時期なのでこしらえたそう。これがまた、しみじみうまい。締めに頼んだのは「チェンバーライス」という香辛料の効いたオムライス＝写真。匙《さじ》が止まらなくなる魅力があった。

今回思い出した3軒はどれも、地元に長く根づいた店なのですね。だからこそ再訪したくなるんです。

20年物古酒　成人の息子へ

記念の贈り物を選ぶのは、頭を悩ませますが、楽しい作業です。

大学を卒業してホテルに就職を決めた後輩に、「カランダッシュ」のボールペンを手渡したことがあります。ホテルスタッフはお客とのやりとりのなかでメモを取るのが必須です。ポケットから出すペンとして、高級すぎるのも反感を買いますし、安物でもいけない。スイスの老舗である「カランダッシュ」は、その質感も使用感もちょうどいいと判断しました。

またある時は、60歳となって定年を迎えた先輩に、愛媛県の有高扇山堂の「ゆ・わ・い」という水引のボトルサックにワインを収めて贈りました（178ページ）。還暦なので、鮮やかな赤の水引を選んだのを覚えています。

で、つい先日の話です。家族の話で恐縮ですが、息子が20歳の誕生日間近となり、さて何をプレゼントしようかと考えました。選んだのは、私の郷里・富山県の銘酒「満寿泉」の2002年物の古酒＝写真＝です。生まれ年のワインを、という手もありましたが、ここは日本酒でいこうと決めました。ここの蔵元は地元の酒販店のご主人と手を携えて、20年どころか30年前までの古酒を保存・販売しています。近年は日本酒でも古酒がはやりですが、ここまで時を経た一本というのはまだ多くない。蔵のこうした心意気を息子に伝えたい、という理由もありました。

桝田酒造店の手になるこの20年物の古酒、以前に試飲する機会を得ています。ひねた感じは思いのほかなく、練れた味わいのしずくが優しく舌の上を泳いでゆきました。父としては、息子が最初に飲む1杯に推したい。

妻に相談したら「高っ！」。約2万円なので…。「でも、成人に育った記念にはいいんじゃない」と最後は許してくれました。

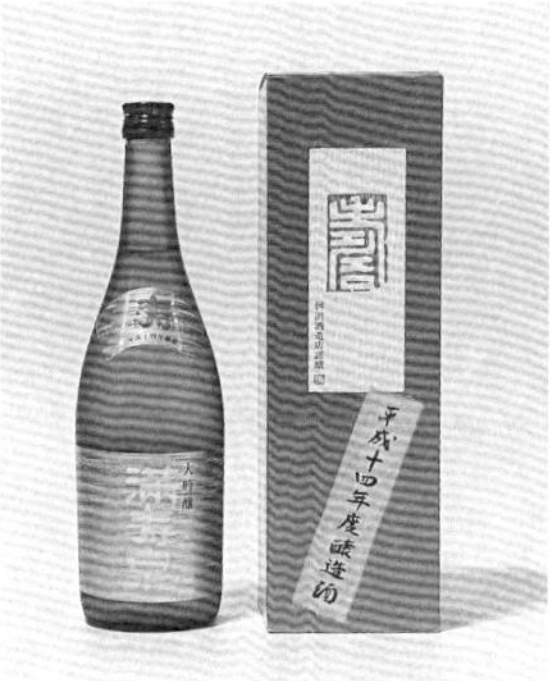

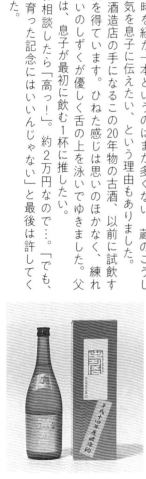

現地も通販も大満足

先日、香川県の小豆島を訪れました。オリーブの栽培で知られていますし、オリーブに限らず一次産品の加工に携わる事業者が多いのも印象的です。

久しぶりに訪れてしみじみと感じ入ったことがありました。この小豆島で食の分野を手がける事業者を調べていくと、ごく小さなところでも自前でネット通販を手がけているケースが目立つんです。それこそオリーブ関連だけではない。たとえばポテトチップの燻製《くんせい》をこしらえている工房や、こぢんまりとしたクラフトビールのブルワリーなどがそう。それぞれの通販サイトの大半はシンプルなページ構成ですが、それがまた素朴な感じでいい。観光客はフェリーなどで行くしかない島だけに、ネット通販でも売り先を開拓しようと頑張っているのでしょうね。

一方で、島に来ないと食べられないものが、いくつも存在します。「ツムグ菓子店」の焼き菓子、あるいは「MORI-KUNI-ベーカリー」のコッペパン。どちらも心躍るおいしさでした。さらに、島の山間部にある「こまめ食堂」が記憶に刻まれました＝写真。古くて小さな建物（昭和初期の精米所だったそう）を丁寧に修復して、地元の食材を生かした定食を提供しています。当日朝に電話して予約する仕組みで、しかも、定食の値段は１８００円と安くない。観光客向けの高級店？　と想像していたら、中身がすごかった。大きなおにぎり２つに、お皿からはみ出すほどに立派な地魚の唐揚げ。その上、お総菜や汁物、デザートまでついてきて、もうおなかいっぱいになる満足度でした。田舎の親戚の家でごちそうを振る舞ってもらったようなひととき。

小豆島は、ネット通販も、現地で体験する時間も楽しい。そんな島になっていた、という話です。

2022/9/22

#すごいマスタード　　とまとたれ、宗紀マスタード

未知との出合い　満喫

人は「まだ見ぬもの」を求めている、という話をします。

北海道旭川市の佐久精肉店が、長年販売しているトマト味のジンギスカン鍋を引っ提げて東京の見本市に出展した時のことです。ブースの前に長蛇の列ができたらしい。並んだのはプロの料理人たちでした。同社の経営者は「ああ、食のプロたちは『まだ見ぬもの』を探し歩いているんだ」と痛切に感じたそう。で、この経験を基に「とまとたれ」という商品をつくり、ロングセラーとなりました。

料理人さんに限りませんよね。私たち消費者だってもちろん、未知の存在を発見したい。先日、香川県の高松市で私にとっての「まだ見ぬもの」に出合いました。その名は「宗紀《そうき》マスタード」(ハンドライフ・クリエイト)=写真。マスタードは当然知っていますが、3種類のセットが5400円もするんです。なんだこれはという値段ですよね。人はマスタードにここまでの出費などできるのでしょうか。興味半分で思い切って買いました。

まずはペースト状の「カレス」をハムと一緒に試しました。甘みにもコクにも官能的といえるほどに色気があり、ハムの脂を引き立てます。いや、ハムのためのマスタードというより、マスタードを味わうためにハムを添える感じかも…。マスタードが主役を張ると表現したくなります。

続いて、粒状のマスタードである「ノワール」と「ドレ」を順に開けてみました。ああこれはマスタード単体で味わえますね。この粒々だけでワインが進みます。

よくもまあ完成させたなというのが率直な感想です。聞けば、小豆島の塩や県産の蜂蜜を使って仕上げたそう。ここまでやるかという商品の好事例でしょうね。普段使いまではいかずとも、誰かを驚かせるための贈り物にしたい。

赤い靴と歩む大人の旅

「10年目からが本領発揮ですよ」と言われたことがあります。私の愛車はボルボの小さなステーションワゴンですが、2010年モデルですから、もう新車から10年を超えています。そろそろ乗り換えるべきかとも思うのですが、ディーラーの担当さんが話すには「10年目からがいいんです」。確かにそうかもと感じて、手を入れながら使い続けています。

ほかにも10年単位の愛用品はあるかなと、ふと考えたらありました。ちょうど10年目を迎えた一足の革靴です。購入した時の値段は3万円台半ば。決して安くはないけれど超高級品でもない。それでも大事に扱ってきました。

エイチ・カツカワという日本の靴です＝写真。英国で修業を積んだシューズデザイナー勝川永一さんのブランド。買ったのは2013年、40代半ばでした。

どんな靴か。鮮やかな赤なんです。40代になったら赤い靴を履こうと決めていて、ずっと探していました。なぜか。若かった時分に京都在住の一人の作家さんに会い、大事な仕事を依頼する緊張の場面で、その作家さんが履いていたのが赤い靴。欧州の高級ブランドだったと思います。それを目にして「自分もいい大人になったら赤い靴を履こう」と心に誓った。でも、私に買える価格帯ではなかなか見つからないんです、赤い靴が…。40歳を過ぎてから数年、東京都内の百貨店でようやく出合えたのがこれでした。

この靴、色以外にも特徴があります。左右が全く同じ形なんです。ちょっとファニーな印象で、かつ、緩いフィット感がまたいい。

ここまでの10年間、パーティーなど、ここという日にだけ履いてきましたけれど、次の10年間はもっと機会を増やしたい。思い切って、旅に連れていきましょうか。

さぶちゃん

カメノテ!? これが島の味

思いがけないところで、驚くような味に出合うことがあります。

このコラムでつづった話ですと、たとえば北海道・函館の観光市場にある食堂のゴッコ汁(21ページ)。深海に潜む魚をおわんに仕立てたもので、体に染み入るコクが、今も記憶に残っています。

先日、鹿児島県の種子島に出張して、夕暮れ後、地元で暮らす仕事仲間と食事に出かけました。島ならではの旬を楽しみ、「もう一軒どうですか」と誘われたのは小さな居酒屋。「さぶちゃん」という看板が掛かっています。一見ではまず入らないような雰囲気の外観です。入り口は電飾で彩られ、なんだかあやしげでしたし…。

のれんをくぐると、地元の人でいっぱいでした。で、仕事仲間がすぐさま注文したのが「海鮮うどん」。5人前を頼んだら、直径30cmはある大きくて深い鉄鍋が運ばれてきた＝写真。

これがですね、もう圧巻の味だったわけです。だしからうまさが幾重にも迫ってきます。テーブルを囲む皆で競うようにうどんを食べ尽くした後も、だしを口にするだけでお酒がぐいぐいと進む。

見慣れない具材も入っていたので、女将《おかみ》さんに尋ねました。鉄鍋に収まっていたのは、まずカメノテ。甲殻類の一種ですが、今やぜいたくな食材だと思います。それをうどんに惜しげもなく入れていました。次にマキガイとアナゴです。アナゴというのはトコブシのような一枚貝のこと。そして島で育てているクルマエビ。さらにはアオサノリ、ワカメ。加えてトンナという海藻も。「カメノテからうまみが出るし、貝の塩味もあるから、醤油《しょうゆ》はちょっとだけ」とのこと。一人前が1200円しますが、その価値は十二分です。

仕事仲間が誇らしげに笑っていました。「これが島の味です」

第3章 持ち味を信じる覚悟

～最初から差別化はできない

第2章の解説（43ページ）で私は、いい商品とすごい商品を分けるものとは何か、とつづりました。商品開発者や地域おこし担当者が、ちゃんと「その商品／地域はどうあるべきか」を熟慮することが大事です。たとえば「Tシャツとはそもそもどうあるべきなのか」「日本酒とはどうあるべきか」「この里山はどうあるべきか」。もうどんな商品や地域についても同じです。

では、そうやって「どうあるべきか」という結論を導き出すために必要になってくる考え方とは何なのでしょうか。ここがまた難しいところです。そうした結論が簡単に浮かぶのなら話は早いのですけれど、実際には、とっかかりの段階から立ち往生してしまうかもしれません。

私はどう踏まえているか。そのあたりをお話ししましょう。ただ単に「いい」というレベルではなくて「すごい」と感じさせる商品開発や地域おこしプロジェクトを完遂するための大事な進め方について、です。

それは「差別化を最初から狙わない」という姿勢に尽きるのではないか、と私は考えています。

「えっ、どういう意味なのか？」と思われる方も多いでしょう。「差別化を目指すことこそが、成功につながる道」としばしば指摘されるからです。実際、私が出席する会議などでも、ほかの参加者から「その商品はちゃんと差別化できていますか」といった発言がよく聞かれますしね。

でも、それは正解なのでしょうか。よその商品や地域に対して差別化できているというのは、ブランディングを進めた後の結果の話であって、そこを目指すというのはちょっと違うと私は思います。もちろん、ブランディングにおいて差別化を志向するプロセスは重要と考えられていますし、よそとの差異や優位性を踏まえることに一定の意味はあります。実際にそこから成果を上げられるケースも存在します。それでも、です。本当に、「差別化を志向することは大正解」と断言までしてしまっていいでしょうか。

差別化というのは「よそを見る」行為です。みずからの強みをしっかりと掘り起こして認識する作業をないがしろにしながら差別化だけを求めるのは、結局のところ、自分の商品や地域そのものを軽視することにつながりかねません。「よそにとらわれるより、まず自分を見ましょう」という話です。

もうひとつ、私がお伝えしたいことがあります。ブランディングを目指す最初の段階から差別化を重視し過ぎると、手が止まってしまいがちです。議論が袋小路に迷い込んでしまいかねない、と表現することもできます。たくさんの地域産品が、なんだか、がんじがらめの状態に陥っているのではないか、と私は思います。「差別化できないとブランディングは果たせない」「うちの産品は差別化できないからブランディングは無理だ」というふうに…。そして、商品開発や地域おこしは行き詰まり、中途半端な結果しか出せなくなってしまうという事例を、私はいくつも見てきました。

私自身の経験を少しだけお話しさせてください。99ページの秋田由利牛の話です。私は経済産業省の東北経済産業局に招かれて、秋田由利牛のブランディングチームに3年間参加しました。最初の1年間はずっと、議論が空転を続けました。どうしてかといいますと、牛の生産者たちから「差別化したいけれど、現状でいえるのは、自然や水に恵まれた飼育環境と、牛にやる餌の吟味くらいかもしれない」といった発言が相次いだからです。「もう、牛肉の味については差別化が難しい」とも…。そうした発言を受けてしまい、話が全然、前に進みませんでした。で、ある時、私は会議のなかで気付きました。

「そもそも、銘柄牛に限らず、あらゆる商品領域において、差別化なんてできっこないのではないか」

1960年代の高度経済成長期で、新しい商品分野が次々に登場したころの話ならともかく、現在のように多くの商品が成熟市場となっている今、差別化なんてそうそう果たせるわけがないのです。差別化しないと始まらないという呪縛のせいで、ヒット商品づくりの芽がかえって摘まれてしまっているのだ、と私は確信するに至りました。

だったらどうするか。肝心なのはそこですよね。私は考えました。

「よそがどうあれ、『これが自分たちの産品の唯一無二』だと言い切る覚悟こそが大事」

実際に唯一無二かどうかにもまして、唯一無二と信じられるかどうか、です。そのためにまずは自分たちの商品や地域をとことん知るところから手を着けるべきでしょう。秋田由利牛のブランディング会議に出席している数十人の関係者に、私は尋ねました。「この1カ月の間に、秋田由利牛を食べた人は、どれくらいいらっしゃいますか」。ほとんど全員が食べていなかった。でも、私は口にしていました。それも精肉だけでなくホルモンなどの内臓の部位も含めてです。

そこから私が実感できたのは「秋田由利牛は食べ飽きしない」という持ち味でした。最初のひとくちのインパクトに特徴があるのではなくて、赤身も脂身も内臓も、どれも残らず、するするとおいしく食べられます。これは、かつての霜降り肉の人気や、その後の赤身肉ブームの先に来るべき味わいなのではないか。

「だから、秋田由利牛はまるごとおいしい、をテーマに据えましょう」と私は提案しました。和牛界の次世代を牽引《けんいん》するのは、秋田由利牛的な食味であると、言い切ってしまいましょう、と。

聞いてみると、生産者たちは「ああ、確かにそれは、秋田由利牛の特長に違いない」と口をそろえました。ここからは話が早かった。キャッチコピーの制作も、販売促進策の決定も、どんどん決まっていったのでした。よそを気にし過ぎるのではなくて、自分たちの信じるところを言い切ることの大切さを、私自身がそこの経緯を通して学びました。

この秋田由利牛のブランディングで一緒だった秋田大学の准教授である伊藤慎一さんと、この経緯を振り返って話をしていた折のことです。

「これからは、『差別化のマーケティング』の時代から『覚悟のマーケティング』が問われる時代に入るのではないか」

そんなやりとりをしたことを覚えています。覚悟とはつまり、それぞれの商品や地域の強みを見いだすことにもまして、「これを強みと捉える」という姿勢の話です。覚悟を決めて、それを世に問いかけるから、人は振り向きます。多くの消費者は、商品のつくり手の覚悟にこそ共感を抱き、それを購入しようと動く、と表現してもいいでしょう。ところが、商品開発や地域ブランディングのしょっぱなから、差別化することばかりに気を取られていると、つくり手の中に覚悟が芽生えにくい。そのうえ、先ほど述べたように議論は袋小路に入ってしまいがちです。だから私は提案したい。「まずは差別化にとらわれるのをやめましょう」。

差別化のマーケティング重視された時代を否定するわけではありません。でも、差別化を志向すればすべてが解決できた段階は過ぎた、と私は確信しています。それは先に触れたように、商品や事業者間の競争がより激しくなっている現在、差別化を目指すと言い始めても打開策は見えづらくなっているからです。

私は今、「覚悟」と「共感」という言葉を皆さんに提示しました。ここで少し話題を変えます。この言葉を同じように用いていたベンチャーキャピタルの代表がいたので、お伝えしましょう。

このベンチャーキャピタルの代表は、藤田豪さんという人物です。藤田さんと私が席を並べて座った、あるイベントで、彼はスタートアップの定義について語ってくれました。スタートアップって近年しばしば耳にしますが、そもそもどういう意味なのでしょうか。通常の「起業」とは、いったい何がどう違うのか。藤田さんはこう語りました。「スタートアップとは、自分たちの力で世の中を変える覚悟を持ち、共感する仲間を集め、外部資金の調達を行い、課題解決に挑戦し、急成長を目指す起業家およびチーム、会社のことです」

私はとても納得できました。藤田さんの言葉には、スタートアップを説明するのに一見必要にも感じられる「新技術」とか「新発想」といった表現がひとつも出てきません。その代わりにあるのは「覚悟」と「共感」。つまり、それこそが世の中を動かすということなのだと理解しました。

ここで話を戻します。覚悟と共感が大事な意味を持ってくるのは、なにもスタートアップ（社会の課題解決に挑む起業）だけではありません。新しい商品の開発や地域ブランディングでも同じことでしょう。「自分たちはこれをもって攻めるんだ」という覚悟が、そこに説得力をもたらし、多くの人の共感を得るに至るという点においてです。こう捉えていくと、差別化狙いというのは絶対的に求められる要素とは限らないとご理解いただけるのではないでしょうか。

第3章で取り上げている商品を見渡すと、覚悟が伝わった結果のヒットなのだろうな、と感じさせる存在がいくつもあります。さらに言うと、そうした商品は必ずしも既存商品との差別化をことさらに深追いしたものには思えない、という部分も共通しています。

91ページの「そのままブーケ」など、まさにその好事例です。徳島県に本拠を構える地場のお花屋さんである花由は、3000円台の手頃な花束でもう差別化などできないはずと感じながらも、ネット通販を中心に年間3万件ほどの注文を集めました。地方のお花屋さんとしては驚異的な数字だと思います。ではそこにどんな秘密があったのか。実は花由の取締役自身が「どうして売れているのか、ずっと不思議で仕方なかった」といいます。なぜなら、この「そのままブーケ」は、意識して何かを差別化しようと目指した商品ではなかったからだそうです。

花由の取締役は「自分たちがやれることをとにかくすべてやろう」と心に決めて、「そのままブーケ」の商品化に着手しました。まず、花瓶要らずでそのまま飾れるように自立する形状にした。次に、水分と栄養剤を花束の底に仕込んで手入れ不要とした。さらに、発送前にサンプルではなくて現物の写真を注文客に送ってくれる仕組みを整えた。そして、午後3時までなら当日発送すると約束した。

これら4つの工夫はそれぞれ、すでに少なくないお花屋さんが手がけていたモノでした。だから花由の取締役は「どうして、うちの『そのままブーケ』だけがここまで目立ってヒットしているのかわからない」と話していました。私は話を聞いていくうちにふと、あることに気付きました。で、取締役にこう尋ねました。「こうした4つの工夫は、もう他店で見られるというのはわかりました。では、この4つを全部残らずやっているお店はどれくらいありますか」。すると取締役は「あっ!」と声を上げました。「それは…うちのほかにはないかもしれません」

ヒットの理由はここにあったのですね。差別化をハナから狙ったのでは決してなくて、やれることをすべて実行に移すということだけを花由は決めた。そうしたら、いつしか唯一無二の商品がそこに完成していた。しかもみずからは気付かないままだったのに、消費者はそこを見逃さなかった。そういうわけです。

私には、この「そのままブーケ」のヒットをめぐる経緯は、現代のおとぎ話のように思えました。ライバルとなるお花屋さんの商品に対して差別化をなんとか図ろうと色気を出したのではなくて、あくまで「やれることをしっかりとやる」をテーマに据えた結果、独自性をはっきりと有する商品ができあがっていた。

ただし、ひとつだけ、差別化を意識したところはあったとも聞いています。それは「『そのままブーケ』に使う花の種類を、よそよりちょっとだけ多くした」ところ。3000円台という低廉な花束の場合、アレンジに加える花は4~5種というのが一般的だったのを、花由は7種使うように決めたといいます。ただしこれも差別化のためというより、「これまで花束を買うことのなかった消費者層に『そのままブーケ』の存在を訴えかけるには、より色とりどりなほうがいいはず」という一心だったそうです。つまりはここでも、差別化狙いだけによる戦術とは言い切れないと捉えることができますね。

第2章の解説で私は、「商品のつくり手が物語を紡ぐのは、実は間違いなのではないか」とつづり、「差別化をハナから目指すことからいったん離れましょう」とお伝えしています。これらもまた、第1章の解説で述べた「『当たり前』を疑う」という作業に通じるものです。「商品を売るには物語をつくりましょう」であるとか「何より差別化が必須です」であるとか、ぱっと見では疑いようのないような言葉に対して、まず「それは本当なのか」と立ち止まることが大事だと、私は思います。

特性を磨けばさらに光る

成熟した商品の分野では、新たに強い商品をつくり出すことなどできない―と諦めている人は多いかもしれません。独自性を発揮するのは無理で、残るは価格競争に踏み切るしかないと。

でも、本当にそうでしょうか。

徳島県の「花由《はなよし》」というお花屋さんの「そのままブーケ」＝写真＝は3000円台の花束。ですが、ネットでの注文が1日で平均100件、年3万件以上もあるそうです。

ネットで花束を買うなら、大手で探せばいいじゃないかと思いますが、それでもヒットになった。なぜか。この商品の特徴は、①花瓶要らずでそのまま置ける、②水や栄養剤が不要、③発送前の現物の写真を注文者に送ってくれる、④午後3時までに注文すれば当日発送可能―の4点。このうちの何点かはほかの生花店でもやっています。ではなぜ、花由がヒットしたのか?

実は4点すべてを実行しているのは花由だけだったのです。地道に商品と商売を磨いていたら、いつの間にか唯一無二の店になっていたというわけです。

成長しないとされた分野で、新たな購買層を獲得した例としては「Knot(ノット)」という腕時計もそのひとつです。2万円前後に抑えた価格。服装に合わせて、ベルトの付け替えも自由自在。なんといっても使って楽しい。これが大ヒットとなりました。若年層の腕時計離れが進むなか、その若年層を取り込んだのは見事です。

どうでしょう。「競争が行き着くところまで行ったような成熟商品の分野だから、どうやったって埋もれてしまう」とは限らないと思いませんか。

愚直に特性を磨いた商品であれば、消費者は見逃さないのです。

“違和感”生かす勇気を

ヒット商品が登場するきっかけは、実はそこかしこにあるのではないか、という話をしましょう。

「塩に旬がある」と言ったら、笑いますか。それがあるんです。山口県長門市の油谷湾でつくられる「百姓の塩」＝写真＝には、4つの商品が存在します。それは春夏秋冬ごとの塩。実際になめると、本当に味が異なる。夏塩はパンチが効いて肉料理にいいし、冬塩は穏やかで白身魚の刺し身に合うという具合。

製造する百姓庵のご主人は、塩づくりを始めた11年前、季節で味が違うことに気付いたそうです。でも、5年間は四季で商品を分けるのをためらった。在庫リスクも大きいからです。それでも諦めず、季節で味が変わることを広く伝えたい一心だったといいます。

セット価格は4320円と高いのですが、早々に完売する年もあるらしい。季節ごとの単品も、ときに1カ月待ちになる人気です。

たぶん、各地の職人さんは、四季で塩の味が違うのを知っていた。あとは、商品化に踏み切る勇気だけだったのでは…。百姓庵はヒットをみずからたぐり寄せたわけです。

別の話をもうひとつ。茨城県笠間市は、栗の名産地なのに認知度はさほどでもない。他県に出荷する〝原料供給元〟に、ほぼ徹していたからです。

それだけでいいのか、と地元の小田喜商店は動きました。そして、栗と砂糖だけでこしらえたいわまの栗菓子「ぎゅ」を完成させました。9片で2063円と、こちらも立派な値段ですが、栗の高貴な香りを堪能できる魅力的な菓子で、売り上げ好調です。

2つに共通するのは、つくり手としての違和感を放っておかなかったこと。それに尽きます。

ブランド力はみずから磨く

「地域の実力」が意外と知られていないことは結構あります。

奈良県は、長らく靴下の生産で日本一を記録し続けています。でも、最近までその事実はそう認知されていなかった。大半の工場は大手メーカーの下請けという位置付けだったからです。

これではいけないと動いたのは地元の中川政七商店でした。江戸時代から繊維の卸小売りに携わる同社は、奈良の靴下工場の実力を生かしたいと考え、みずからブランドを立ち上げました。それが「2&9《にときゅう》」=写真=です。

同社が目指したのは「ファッション系のおしゃれな靴下ではなく、履き心地で消費者に選ばれる、ごく普通の靴下」。そして「この指止まれ方式」で、地元の町工場に声をかけ、それに呼応した工場と一緒に生産を始めました。

値は1足で1000円台の半ば以上ですが、履き心地の素晴らしさから大ヒット。しかも、地元発のブランドに参画できた町工場は、士気がすごく上がったそう。彼ら彼女らが動かねば、実力は埋もれたままだったでしょう。中川政七商店も町工場も、よくみずから手を挙げたなあと感じ入った事例です。

地域の実力を生かし切るために汗をかくという意味では、大阪府東大阪市の「東大阪ブランド推進機構」の取り組みもそうです。

東大阪といえば、やはり町工場が奮闘する地域。工場の経営者を中心とする同機構は、地元小学生による製品アイデアを実際につくるというプロジェクトを続けています。そのことで、子どもたちの夢をかなえ、モノづくりへの関心を高めようという狙い。これは、東大阪の10年後、20年後につながるプロジェクトだと思います。

誰かが動くのをただ待っていてはいけない、そういう話です。

根付く「底力」に気付こう

10連休が近づいてきました。この時季に行きたいというスポットを、今回は2つお伝えします。

「モノめぐり」なのに観光案内とは？　いえ、理由があります。それについては、後ほど。

ひとつは四国・愛媛県の愛南町です。高知県との県境にあり、鉄道が走っていないので、行くまでがひと苦労なのですが、大型連休のころ、ここの深浦漁港には、べらぼうにうまいカツオが揚がります。漁場がいいからか。それもありますが、漁師や市場の人々の協力態勢が万全なんです。獲ったはなから船上で血抜きし、その日のうちに水揚げされます。だから身肉の弾力が格別で、まさにここでしか体感し得ない味となる。

この小さな漁港の一角にある小さな市場食堂では、一般の方も食べられます。スマの刺し身＝写真＝など、カツオ以外にもとびきりの魚をたくさん口にできます。全国的には無名でも、こうした実力を誇る場がある、という話です。ほかの地域でも、〝愛南のような存在〟が見つけられるはずです。

それは食の分野に限りません。同じく大型連休の事例をお話ししましょう。北陸・富山県の中西部では、いくつもの町で連日、曳山《ひきやま》や行燈《あんどん》が巡行する、由緒ある祭りが繰り広げられます。荘厳なものあり、切なさすら感じるものあり…と、町ごとの特徴の違いが、実に面白い。これ、知らないままだともったいない。毎日、近隣にある町のどこかで、曳山や行燈が練り歩いているなんて、旅する目的地として相当な魅力でしょう。

愛南のカツオも、富山の祭りも、その地に昔から根付いているものです。そうした存在のなかにこそ、地域の底力が伝わる何かがあるのだと、改めて考えさせられますね。

2019/7/11

#わずかな差に目をつける　　QQTOILET、まかないごはん とんかつカレー

使う人には「切実」なこと

私がもう10年以上も言い続けてきたことがあります。それは「差がない」のと「ほとんど差がない」では大違い、という話です。競合商品とのわずかな差が、消費者にすれば切実な違いと認識されがちなのに、意外にないがしろにされるケースが目立つのです。

で、今回の話ですが、携帯用トイレに注目してみました。自然災害時はもちろん、渋滞覚悟の長時間ドライブの時にも助かるモノ。

商品が数あるなかで私がうなったのは、東京の中小企業「多摩川クラフト」の「QQTOILET（キューキュートイレ）」でした＝写真。1つ600円ほどと値段は高めで、しかもいってはなんですが、無名な企業の携帯用トイレが売れている。なぜかと思ったら、それこそ「わずかな差」を放っておかない仕様・設計になっていることに気付きました。

普段は手のひらサイズですが、本体を開くと、しっかり自立します。使用時も使用後も、中身がこぼれるのを防ぎます。

さらに、封をするジッパーが二重になっているんです。同社に聞くと、試験機関で検証してもらったら195kgの荷重にまで耐え、中身が漏れなかったそう。これこそが、ぱっと見では「わずかな差」、でも使う人にとっては「切実な差」なのだと思います。

非常時に助かるモノでもうひとつ思い出したのは、フリーズドライ食品のこと。アサヒグループ食品の一部門であるアマノフーズが昨秋に限定販売した「まかないごはん　とんかつカレー」にもびっくりしました。四角い塊にお湯を注ぐと、想像を超える出来栄えのカツカレーが姿を現す。今は残念ながら品切れですが「ここまで徹底して開発するのか」と驚く水準だったのを覚えています。2食で1300円と高値でしたが、これが非常時にあったらうれしいだろうなあ。

「何、これ？」からのヒット

北海道の小さな食品会社と、岐阜県の縫製工場。場所も業種も異なる2つの中小企業から、期せずして同じ言葉が聞かれました。

それは、「商品の開発で大事なのは『何、これ?』と驚いてもらうこと」だというんですね。

北海道・旭川の佐久精肉店は20年ほど、トマト味のタレに漬け込んだジンギスカン用の肉を地元で販売し続けてきました。北海道ではトマトの味を好む人が多いからです。試しに、東京の見本市で試食ブースを出展すると…。

「いきなり長蛇の列になって、通路がふさがるほどでした」

見本市は、食のプロが対象。佐久精肉店はここで気付いたといいます。「大都市圏の人は『まだ見ぬもの』『何これ、と感じるもの』を探しているんだと」。大手メーカーから協業の打診まで得られ、肉を漬けるタレを独立させ「とまとたれ」の名で発売しました。300円です。

岐阜の事例は、バッグです。下請けの町工場だった北瀬縫製が「KURUMI」=写真=という商品をこの夏に登場させました。外観からは全くわかりませんが、これ、保冷バッグなんです。「流通企業やお客さんに見せると『何、これ?』とびっくりされます」。お弁当を携えるのにも、冷えた飲み物を保管するにもいい。

北瀬縫製にとっては、自前のブランド商品の開発は悲願でした。持ち前の縫製技術、そして保冷バッグを製造してきた経験をすべてつぎ込みました。そうしたら、流通大手の東急ハンズがすぐさまテスト販売を申し出た。4000円ほどしますが、評判は上々です。

驚きをもたらす商品開発のヒントは、どちらもやっぱり足元にあった、という話でもありますね。

企業の思い切りがカギ

96ページで、「何、これ？」と感じさせる商品開発の妙をつづりました。事例はまだまだあるんです。まずは写真をご覧ください。一体何でしょうか。5㎝角の樹脂製キューブの中に、ゴム製の小さなボール。おもちゃ？　違うんです。

商品名は「ドアキューブ」。これを開きかけのドアの下に置くと、どんな重いドアでもなぜかピタリと止まるというドア用ストッパーです。値段は1000円強。樹脂製品を扱う東京の中堅企業「三洋」が手がけた商品です。当初は社内でも「何をつくっているんだ」といぶかしげな声が多かったそうですが、ひるまずに開発。結果、発売3年で3万個のヒットに。

「予想外の機能で、しかも実用性があるのがミソ」と同社。確かに、使うと驚きがある。摩擦係数の高いボールのおかげでしょう。シンプルな形なのに、面白いように重いドアが止まる。このボール、人気玩具のスーパーボールを製造する国内企業につくってもらったそう。

もうひとつ。富山県の高岡市といえば銅器の生産が盛んだと前も書きました。銅器製造の最後の工程は着色ですが、そこを担う「モメンタムファクトリー・Orii」という町工場が、これまた「何、これ？」と思わせる製品をこの夏、繰り出したんです。

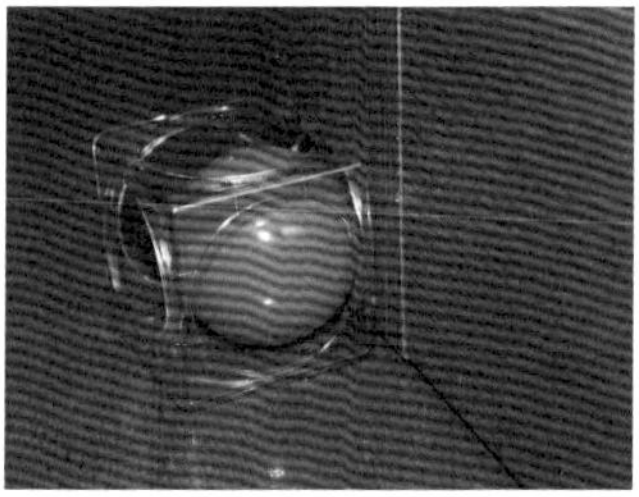

銅板を加工して鮮やかな青色を出すのが、この町工場の強みで、これまであまたのヒット作をつくってきました。その銅板の青色をサテンなどの生地に転写印刷した「オリイファブリック」を世に出しました。何に使うか。スーツの裏地、それに女性向けのドレスです。金属加工の小さな工場がファッション分野に進出したところが、なんともびっくりです。

驚きを創出するには、企業側に思い切りが必要なのですね。

「意欲」と「必然性」必要

商品が売れるかどうかの成否をわけるものは何なのでしょうか。「六次産業」という言葉があります。農業や漁業などの一次産業に従事する方がみずから商品をつくり(二次産業)、さらに自分たちで売る(三次産業)。1×2×3=6で、六次産業と呼ぶのですね。

全国津々浦々に数々のプロジェクトがある。でも、成功事例は実はそう多くない。各地の展示会に足を運んでも、そこではジャムやジュース、ドレッシングばかりがやけに目立つ。いや、実際に口にすればおいしいんです。でも売れない。なぜか。「人々に伝わっていない商品は、存在していないのと一緒」ということでしょう。では、伝わるには何が必要か。

「Ｔａｋａｎｏ　Ｆａｒｍ」は山梨県山梨市の小さな果樹農家。ここがフリーズドライの果実を開発し、人気を呼んでいます。「エアリーフルーツ」=写真=という名で1000円ほど。完熟の果実を使い、みずから加工施設を持って製法を吟味したからか、明らかに味も香りもよく、口にして楽しい。

ここも以前、ジュースやジャムをつくろうとして失敗したそうです。売り先がなかった。痛感したのは「自分が外に出て、ちゃんと人の中に踏み込まないと」。それだけの話ですが、大手をはじめ、たちまち取引先が増えた。

もうひとつ。高知県四万十市の「道の駅よって西土佐」がアユ漁師と開発した「天然鮎《あゆ》のコンフィ」。2500円です。食感もうまみも抜群な逸品なんです。どうして山奥でしゃれた「コンフィ」を？と聞くと「大ぶりのアユは、味がよくても値が張るし、売れ残りがち。ならばどうするか。六次産品化だ」と決断したそう。

つまりは「意欲」と「必然性」がそこに不可欠ということです。

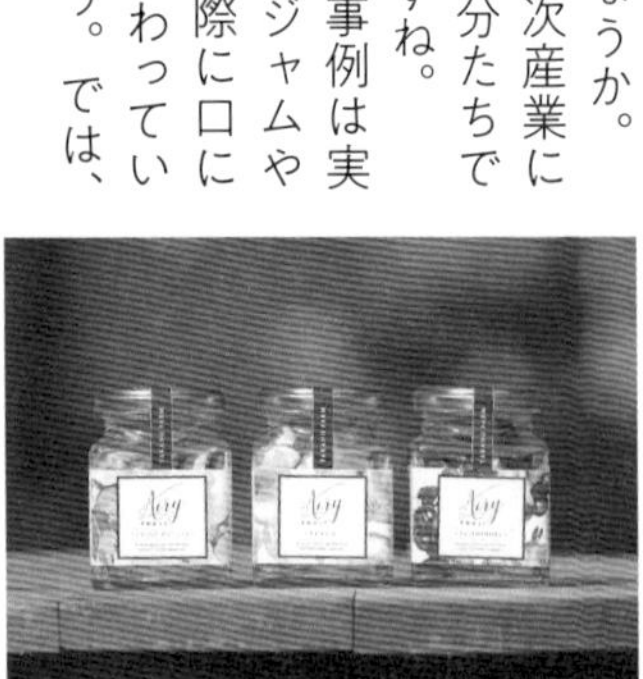

まず地元から始めよう

地域産品を生かす各地の取り組みに、私はいくつも参画しています。いつも強く感じるのは…。

成否を分けるポイントというのは、はっきりしています。まず、奇策は逆効果。話題を呼ぶために変わったことをやっても、一時の反響で終わってしまいます。ならばどうするか。その産品の強みをとことん掘り起こすのが大事です。ほんの小さな持ち味でもいい。それを見定める作業こそが重要です。次に、一発勝負ではなく、長く持続する取り組みを目指すこと。最後に、これが最も必要だと思う点で、大都市圏にいきなり売り込むより、とにもかくにも地元の人が魅力に気付くこと。ここは強調しておきたいのですが、地元の人が親しんでもいない産品に、よその人が振り向くはずがない。

どれでも当たり前だと思うかもしれませんけれど、地域おこしの現場では、こうした部分をないがしろにしているケースが結構ある。そして、得てしてうまく進まない。

私、先月からまた新たにひとつのプロジェクトに加わりました。経済産業省や自治体、そして生産者などからなるチームで、秋田県の「秋田由利牛」＝写真＝の魅力を広く伝えていこうという案件。チームが組まれたばかりですが、私は可能性を秘めたプロジェクトだと確信しています。なぜか。

肉のうまさもさることながら、大きいのは、生産者などが中心の「秋田由利牛をまるごと味わいつくす会」が長年運営されてきたこと。地元・由利本荘市で暮らす人々がその味を再確認できる機会を定期的に設けています。こうした努力を地道に続ける産品は強い。

さあ、何をなすか。ヒントは秋田由利牛自身にこそあるはず。この牛でなければ、という部分に光を当てたいと考えています。

わかる人にはわかる

小さな町工場から、思わぬヒット作が生まれることがあります。それらは、必ずしも万人受けするわけではない点が共通点かもしれません。何これ？　という感想だけで終わる消費者がいる半面、これが欲しかった！　と飛びつく消費者も少なくない。

代表格が「15・0％」という商品でしょう。富山県の「タカタレムノス」による、アルミ製のアイスクリームスプーンです。硬く冷えたアイスでも、スプーンを握った手から伝わる熱を使って、スマートにすくえるという商品。3000円以上もするのに、国内だけでなく海外でも注目されています。アイスに特化した一芸型の金属加工品であるのが興味深いところ。

もうひとつは、ステンレス製のキッチン小物で、その名も「ときここち」＝写真。4290円と、これまた立派な値段なんです。開発したのは、東京・荒川区のトネ製作所。

使えば納得です。いや、納得を超えてうなりました。生卵を溶いたら、見事なまでのクリーム色に仕上がる。全卵が完全に混ざるということです。なぜこうなるのかと同社に確認したら「先端の円形になっている部分で、卵白を細かく切っている」からだそう。

それがどうした、と思う方もいらっしゃるでしょうね。その一方で、卵白嫌いの方や、卵料理をしばしばつくる方であれば、これはすごいと、たちどころにわかる。昨年発売し、都内の百貨店で催事に出店したら、わずか6日間で300本以上も売れたと聞きました。

なぜ、この商品を開発？　「家内が卵白嫌いだったので…」という、なんとも単純な回答でした。商品が狙う「最初のあなた」は奥さまだったのですね。そこから始まる商品開発もまた、いいものだなあと思いました。

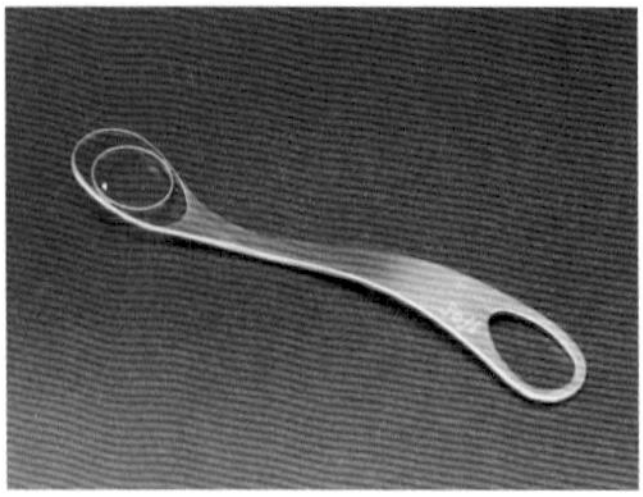

「用の美」　生かすスキルを

１００ページで取り上げたのは、まずアイスクリームスプーンである「１５・０％」、そして生卵を溶くキッチン小物の「ときここち」。共通するのは、小さな町工場の渾身《こんしん》作である点。また、ともに機能美を備える点です。

このコラムに目を通してくれた大学時代の恩師から、次のような感想を受け取りました。「どうして、このような〝一芸型〟商品が日本に生まれるのか。これは柳宗悦の民芸（民衆的工芸）の現代的復興なのではないか」と。

思想家の柳宗悦（１８８９〜１９６１年）は、無名の職人につくられた民衆の日用雑器に注目し、民衆の暮らしのなかから生まれた美の世界を再発見しました。それが１９２６（大正15）年から始まった民芸運動の発端です。芸術品ではない生活雑貨も「機能が優れているものは、デザインも優れている」というわけです。

ここで私自身も、ある人の言葉を思い出しました。現代の世界的工業デザイナーであり、日本の地域発のモノづくりを数々支えている奥山清行さん＝写真＝から、ちょっと前に聞いた話です。

彼はこう語っていました。一地方の小さな企業が、全国や世界に羽ばたくのに必要なことは３つ。まず、商品づくりに反映できるその土地ならではの風土文化、次に、モノづくりの技術。これらは日本のほぼすべての地域に根付いている。問題は最後のひとつ。そうした風土文化や技術を生かせるビジネススキル。これが不足しているというのが、奥山さんの見立てでした。

今から１００年近く前に提唱された「用の美」は、現代にも通じる話であり、かつ、現代では発想の生かし方や伝え方に向き合う作業が重要、ということでしょうね。

ヒットにつながる粘り腰

たった一人の粘り腰で、開発に年月をかけた末に完成した商品の話をしましょう。衣類のシミ抜き剤「スポッとる」です＝写真。10㎖で990円。東京・大田区のハッシュが15年かけて商品化にこぎ着けています。

同社の代表はクリーニング店の娘さんです。お客さんからよくは「丸洗いしてほしいからこの服を出すんじゃない。シミを消してほしいからですよ」と言われたそうです。ところが既存のシミ抜き剤では歯が立たない場面がしばしばでした。多くのシミ抜き剤は色を消すという手法だったために衣類によくないこと。また、シミの種類によってシミ抜き材の種類が分かれているために、シミの原因が不明だとうまく使いこなせないことも一因です。

だったらどうするか。衣類を傷めず、しかもどんなシミにも効く手段を見つけよう、と考えたそうです。言葉にすれば簡単ですが、もちろん困難を伴いました。試行錯誤を続けるなかで父親からは「もうやるな」と厳命されもしたそうです。お客の服をダメにしたら大変なことになるからでした。でも彼女は諦めませんでした。「化学などの専門家でない私の素人考えかもしれないとは思ったのですけれど、要するに胃液のようなシミ抜き剤があればいいんだ、と」。衣類に付くシミは食べこぼしが多いそうです。「胃袋って、食物は消化しますが、胃袋や骨は溶かしませんよね。そういうシミ抜き剤が開発できればいいはず」。もう総当たり戦でさまざまな成分を試した結果、見つけました。過酸化水素をごく薄く使うという手です。塗ってから24時間置いて、その後に拭ってやると見事にシミは落ちました。

当初は商品化のつもりはなく、クリーニングの現場で使うための開発でしたが、思い切って発売。すると、38万個のヒットとなりました。

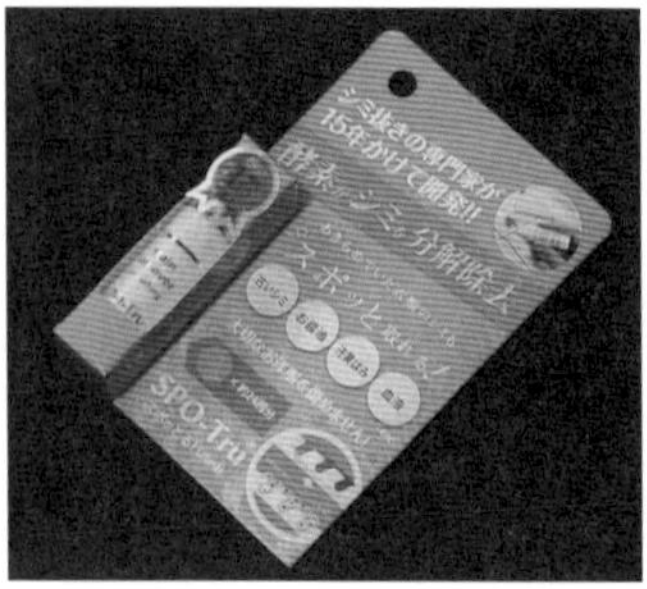

目を引く個性　急成長

千葉市の幕張メッセで先週開かれた「スーパーマーケット・トレードショー」に行ってきました。食をテーマにした商談展示会で、今回は入場制限をかけつつ開催。それでも熱気十分でした。とりわけ注目したのは、全国各地の中小事業者が集うゾーン。3ホールをぶち抜いて展示されていました。北海道から沖縄までずらりです。

六次産業化の商品に、ようやく光が見えてきたと感じましたね。農業や漁業などに従事する当事者が、みずから商品をつくり、ネットなどで売る形態を六次産業といいます。「一次（生産や収穫）×二次（商品化）×三次（販売）」で六次、という意味です。

正直、長らく私は六次産業化商品に期待薄でした。目立つのはジャムにジュースにドレッシング、魚介類でも似たようなものばかりで、そこに独自の強い意欲を読み取れなかったから…。でも、今回のショーでは見どころがあった。

鹿児島県の農家の娘さんが説明してくれたのは「薫《かおり》のバーニャカウダ」（横福）でした。値段は1080円。彼女から「ニンニク、好きですか」と突然問われ、味見を促されました。家族で育てているニンニクを用いたディップソースです。ああ、これはニンニクがどこまでも主役だ。舌にぐっと迫ってくる、楽しい味わいです。

愛媛県の宇和島市から出展していた「こもねっと」も良かった。海沿いの小さな町の漁業従事者など有志が集まったプロジェクトで、電子レンジで温めてすぐ食べられる「お魚レストラン」＝写真＝が魅力的でした。1食400円台からです。地元の養殖タイをなんとか消費者に届けたいという意志が伝わってきた洒脱《しゃだつ》な味わいであり、パッケージデザインでした。六次産業にだんだんと個別の力が備わってきた。うれしくなります。

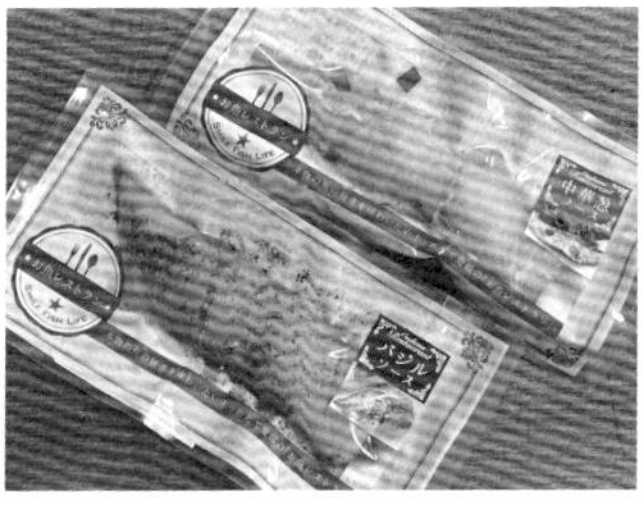

覚悟が人の心に響く

ちょっと理屈っぽい話から始めさせてください。商品をヒットさせるのに「差別化が必須」というのは間違いかもしれないと、私は最近考えるようになりました。

もちろん、ほかの商品との違いを創出するのは大事ですが、開発者がスペック上の差異に拘泥したところで袋小路に迷い込んでしまいがち。表面上の差別化よりも、唯一無二と言い切る覚悟のほうが大切なのではないかと思います。

これを地域産品の話から捉えると、おわかりいただけるかもしれません。魚がおいしい地域はたくさんある。酒がうまい地域も枚挙にいとまがない。こうなると、よそより味がいいかどうかは議論しても仕方ないんです。「うちはこれをとことん訴求する」という不退転の信念こそが消費者に響く。

昨年末、富山県に「レヴォ」というオーベルジュが開業しました。もともとは富山市内で「前衛的地方料理」をテーマに掲げ、絶大な人気を呼んだ名店でしたが、山奥のそのまたずっと奥に移転しました。山と木々と川と空しかない場所で、宿泊棟を備えたレストランとして生まれ変わった。

「山と木々と…しかない」とつづりましたが、もうひとつ大事なものがこの奥地にはあった。豊かな食材です。新しい「レヴォ」での一夜で、熊肉、鹿肉＝写真、山菜を交えた、繊細で、しかも力のみなぎる料理の数々に出合いました。山に自生する黒文字（植物です）の香りを込めた1杯のカクテルもまた、胸の躍るものでした。

富山の食材がよその地域より群を抜いて秀逸かどうかはわかりません。でも「レヴォ」のオーナーシェフは、この地の食材に懸けた。こうした覚悟こそが人の心を揺さぶるという話です。あまたの地域産品の活性化にあたっても、これは不可欠な姿勢のはず。

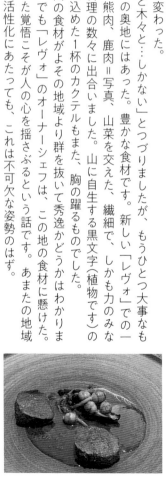

2021/4/8

＃普段使いできる工芸品　　野川染織工業、工房織座

「これでいく」にじむ決意

立て続けに、伝統工芸品でありながら日常使いするのに好適な商品を2つ購入しました。

ひとつめは自分用のパンツです。それが伝統工芸なの？　いや、そうなんです。「たももぱんつ」＝写真＝という少し変わった名前なのですが、もともとは農作業をする人のための股《もも》引《ひき》だったそう。埼玉県の野川染織工業という老舗の町工場の手による一着です。これ、藍染めのイージーパンツなのですが、聞くと、糸を20回も染めているとのこと。最初は古い藍液によって薄く染め、徐々に濃い色に染まる若い藍液で染めていく。それが、この町工場で続く流儀とも聞きました。こうすると藍の色がしっかりと残りますから、経年変化もまた楽しくなりそう。

藍染めの衣服って、もともと庶民の野良着だったのですね。日々の仕事に臨むためのもの。私はこの「たももぱんつ」をテレワークの時に着用しています。肌に優しい実感が得られると同時に、どこか高揚感もあるのがとてもいい。値段は８０００円強。手間がかかっている割に手頃なんです。

ふたつめは妻へのプレゼントでした。愛媛県の工房織座が製造しているリネンコットンのショール。四国に出張した折、一軒のセレクトショップを何げなくのぞいたら、魅入られてしまいました。空気をまとうかのようなふんわりとした風合いで、淡い色調にも味があった。１００年以上前の旧式織機を使った1枚らしい。値段は９９００円です。妻の誕生日や記念日でもないのに、思わず購入しました。

野川染織工業と工房織座。どちらも昔ながらの技法を用いているという共通点があります。別に伝統的だからいい、と感じているわけではありません。「うちはこれでいく」という確信が商品ににじみ出ているから惹《ひ》かれたのです。

「危機感」が新名物生む

売れる新商品が開発される契機のひとつに「危機感」があります。以前紹介した事例でいいますと、先代の後を継いだ農家の若旦那が苦境を脱するためにつくったフリーズドライフルーツ。「エアリーフルーツ」という名ですが、開発当時はかなり珍しかった（98ページ）。あるいは、売り上げ減少に苦しむ町工場がみずからブランドを立ち上げた万年筆である「笑《え》暮《ぼ》屋《や》」（32ページ）もそうです。

で、今回の話は、兵庫県の但馬漁業協同組合が地元の高校、地元のメーカーと連携して開発した炊き込みご飯「ほたるいか飯」の缶詰＝写真＝です。話題づくり狙いの産学連携プロジェクトか、というとそうではない。そこに迫る危機をすぐになんとかしたいというところから始まっています。

昨年、コロナ禍の影響で、豊漁だったホタルイカに買い手がつきませんでした。漁師のために但馬漁協は必死に買い支えたのですが、保存する倉庫が程なく満杯に。どうするか。これは加工品にするしかない。急を要します。過去にも商品開発で連携した高校とメーカーに連絡を取り、４カ月で完成させたのが、この缶詰でした。

高校生はアイデアを出しただけ？　それが違うんです。実際の商品の製造（材料の下ごしらえ）にも臨んでいます。実習の一環とはいえ、もう真剣勝負なんですね。缶詰の値段は９７２円。結構な価格ですが、売れています。地元自治体が備蓄用として５０００缶を購入したほか、ネット通販でも好調にはけているそう。中身を皿に移してレンジで1分半ほど温めると、ご飯はもっちり、ホタルイカの香りはふんわり。これはぜいたくな味だ。

地域産品を無駄にしないために必死となった、六次産業化の見本のような取り組みに感じられます。

元からある「宝」生かす

コロナ禍が続くなか、業態転換に挑む飲食店が少なくありません。とはいえ、業態転換はそう簡単な話ではないですね。ヒントをつかむべく、大阪府にある一軒を訪ねてみました。「MAJIMA」という地場の企業が経営する「私のプリン食堂」。元は居酒屋で、4月にプリンが主役のカフェに変え、最初の2日間だけでプリンを3000個も売ったそうです。

居酒屋時代に比べ、来客数は100倍、売り上げは30倍。店内でプリンをつくるだけでは間に合わず、今月には製造を主体にした2号店も開業しました。話を聞くと、もともと系列の焼き鳥店で出していたプリンが人気だったのに着目したといいます。と同時に、女性スタッフが結婚や出産を機に退職することを同社はずっと課題と感じていた。だったら、プリン専門店を開き、さらに昼間のみ営業すれば、スタッフもずっと働ける、と決断しました。

社内では「プリンに特化」に異論もあったそうです。シンボルとなるプリンが必要と考え、試作を重ね、そしてカフェの開店1週間前にようやく完成したのが「大阪みっくすジュースプリン」＝写真＝でした。値段は420円。この街で古くから人気のジュースの味を見事に再現している印象です。プリンにのせたジュレの舌触りが楽しくて、食べ飽きしない。

突然にプリンを思いついたのではなく、もともとあったものを生かしたところがポイントです。そういえば、今年に入って、和食店が鰻《うなぎ》専門店に業態転換する例が各地で見受けられます。鰻の価格が下落したのも一因でしょうが、成功した店舗を見ると、以前から鰻を献立のなかで扱っていたところが少なくない。

苦しい時こそ足元にある宝物に着目しよう、という話だと思います。

前掛けの存在を「再定義」

新しく、いろんな意味で若々しい町工場を取材してきました。

東京に本社のあるエニシングは「日本で唯一の前掛け専門店」とうたう中小企業です。昔ながらの前掛けをネット通販で1枚から注文できるだけでなく、お客が希望するロゴをあしらってもくれる=写真。値段は1枚6000円強。

社長が前掛けの魅力に気付き、一体どこでつくられているのかと調べ続けたら、愛知県豊橋市が唯一残っている生産地とわかり、すぐに現地に向かった。そこで知ったのは、廃れつつある産業であり、職人は高齢化の一途。前掛けづくりの文化を消してはいけないと社長は感じ、「前掛け専門店」を立ち上げようと考えました。それが今から15年ほど前。豊橋の前掛け職人からは「絶対やめたほうがいい」と反対されます。それでも社長は踏ん張った。

最初は月に10枚程度しか売れず大赤字。そこから国内外に売り込みをかけ、現在では初期の100倍の売り上げを見せるまでに育てました。「仕事の道具」から「親しい人に贈る楽しいアイテム」へと、いわば前掛けの再定義を試みたのが大成功した格好でした。プレゼント需要を見事に掘り起こせた。

社長は一昨年、豊橋に前掛けを織る工場も新設しました。洒脱《しゃだつ》な建物の中で働くのは若手スタッフたち。織物工場を国内で新設するのは勇気の要る判断だったはずですが、滑り出しは好調。

町工場の存在感復活といえば、新潟県の燕三条を思い出しもします。かつては和釘《わくぎ》や農機具を生産していたのが、時代とともに需要減少。でも現在では、アウトドアグッズやキッチン用品の分野で大奮闘しているのは有名な話です。

そこにある技術を今、何に活用するか。生み出した商品をどう使ってもらうか。そこがカギですね。

「必然」だから、支持される

第1章で、生活雑貨としてのマスキングテープ誕生の経緯をつづりました。カモ井加工紙という企業が一般女性からの声に耳を傾け、工業用一辺倒だった14年前に業界初の文具用商品を発売しました(35ページ)。

同社設立は１００年近く前。当初はハエトリ紙の生産が主軸でした。でも60年前、ハエトリ紙の市場は縮むと予想し、工業用マスキングテープ開発に舵《かじ》を切ります。さらには文具用商品をつくった。共通するのは「粘着素材」ですね。そう考えるととっぴな話でもない。

時代が変われば、主力商品のあり方も変わるということを読み取れる事例ですが、ここでほかの業界の話も考えてみたい。たとえば農業の六次産業化。10年前あたり、見本市などを訪れると、ジャム、ジュース、ドレッシングばかりに終始するような時期がありました。

何が言いたいか。時代に合わせて新商品を生むのは大事ですが、そのうえで重要なのは、そこに「開発の必然性」があるかどうかだと私は思います。それがないと、消費者の心には決して刺さらない。

先日、「繋《つな》げる小物ハンガー」という商品に出合いました＝写真。東京の別府鋳工という町工場が手がけた、上下に繋げて使うフック型ハンガー。鋳物製で、ネクタイや帽子をきれいにかけられます。値段は１個７９２円から。鋳物の需要減に悩む同社が、みずからデザインしたと聞きました。

これ、鋳物である必要はあるかと尋ねたら即答でした。「もちろんです」。プラスチックのS字ハンガーよりも強度がはるかにあり、本体はべらぼうに美しい。ただ単に同社が鋳物工場だからつくってみた、という話に終わっていない。必然性があるからこそ商品は輝き、消費者を振り向かせられる。ここを忘れてはいけないと思います。

確かに楽、単身者の"神器"!?

明日から4月ですね。ご自身やご家族が新たな生活をスタートさせるという方も多いと思います。

転居での新生活となると、まず要るのは家電製品ですね。量販店では、単身者向けの冷蔵庫や掃除機などを組み合わせたセットが売られています。多くのセットではテレビが含まれていません。スマホ全盛時代ならではでしょう。

家電分野では、この10年ほどで3つのトレンドが見て取れます。まず「大手メーカー以外の隆盛」。ベンチャー企業や低価格メーカーの家電が存在感を高めました。次に「一芸型の家電のヒット」。何でもできる多機能型ではなく、一点突破の機能で攻める商品が売れている。最後は「おひとりさま家電」の定着でしょう。少量のご飯を素早く炊けるといった、安価で手軽な調理家電など、けっこうな注目を浴びていますね。

で、この3つのトレンドすべてを内包するといえそうな新商品が今、話題を呼んでいます。「レトルト亭」(アピックスインターナショナル)＝写真＝で、値段は7000円台半ば。お湯もレンジも不要で、レトルトパウチを本体に突っ込めば、そのまま温められるという商品です。できることといえばそれだけなんですが、昨年、クラウドファンディングで2200万円超を獲得し、この2月に一般販売を開始。発売前に、レトルトパウチが過熱するというトラブルが起こったのですが、部品設計にすぐさま手を加えて解決し、売れ行きも上々のようです。

実際に使ってみました。時間は7分以上かかりますが、確かに楽です。カレーのほかパスタソースなど複数のパウチを試しましたが、無事に温めを完了できました。低温ヒーターを使う単純な構造ながら、枯れた技術を用いて消費者をあっと言わせた発想は見事です。

「欲しい！」を商品開発

商品づくりで大事なのは「買う人の気持ちを想像すること」か、それとも「自分自身が心底欲しいものを開発してしまうこと」か。どちらも正解だと私は思います。私の郷里富山県では、豆腐の缶詰が今年登場しました。五箇山という山あいの地域に根づく堅豆腐を、旅する人がお土産に持ち帰れるようにと、地元のＪＡが商品化したそう。お客の思いに寄り添おうとした好事例ですね。

では、商品のつくり手がみずから欲しかったから完成させるというのは、独りよがりな話なのか。いや、そうとは限らない。消費者をあっと言わせるケースはあります。

香川県の丸亀市に「チーズ店アレグリア」があります。こぢんまりとした店内に欧州産のチーズがずらりと並んでいるのですが、私が気になったのは、自家製のチーズケーキでした。「パルミジャーノとペッパーのベイクドチーズケーキ」で、手のひらに収まるような小さなピースです＝写真。値段は４１８円。そのうたい文句は「ビールに合う」です。

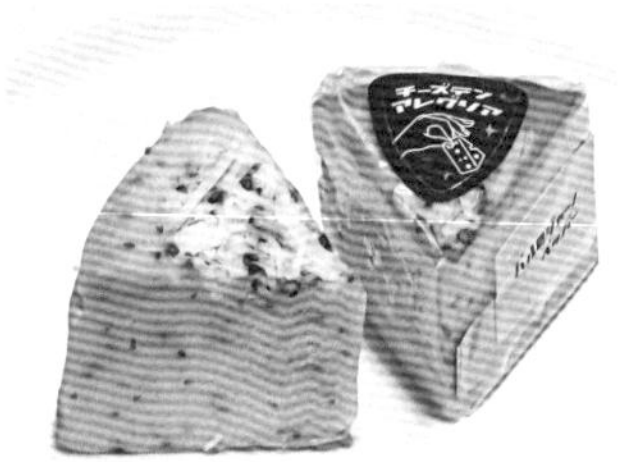

えっ、チーズケーキが？　女性店主に尋ねたら、笑って答えてくれました。「私が食べたかったからつくったんです」。ビールを飲みたいけれど、甘いものが欲しい時がある。ならばどうするか。ほんのり甘みはあるけれど、生クリームで飾らないケーキはどうかと…。こうした商品ってよそにもあるのかと聞くと、「わかりません。何かを見て参考にしたわけではないので」とのことでした。

食べてみました。ああ、確かにビールと一緒が正しい。パルミジャーノのクセが生かされていて、舌ざわりはなめらか。前菜にあしらわれていても、あるいは食後のひと皿にのっていても、どちらでも違和感がないような出来栄えです。痛快だと思いましたね。

予約時刻守るのが鉄則

111ページ、香川県にある「チーズ店アレグリア」のチーズケーキがビールにすごく合うという話をつづったら、大学時代の恩師からこんなメッセージが届きました。「何をビールのおつまみにするのかは無限の選択肢があります。すべての選択肢を試すには人生は短い。つくり手の『欲しい』という気持ちによって商品が生まれ、そのなかから『私の定番』に出合うことができた時、人生は輝きます」

確かに人生は短い。だから、つくり手への共感を手がかりに、私たちは商品選択していくのですね。で、ここで思うわけです。逸品に出合う確率を少しでも高める方法はないか。それも、私たち消費者自身の行動によって…。

すぐに思い出した話があります。先日、超人気の居酒屋で1杯やっていた時のこと。1組のお客さんが入ってきて言いました。「1時間ほど先の予約ですが、今からでもいいですか」。いやそれはだめでしょう。実際、夕刻前から店内はすでにほぼ満席でしたしね。

予約通りの時刻きっかりに行くこと、それが飲食店でおいしいものを食べられる鉄則だと、以前、ある料理人さんから教わったことがあります。約束をお互いに守るからこそ、店の側もそのお客さんを大切にできる、との話です。

こんなこともありました。何年か前のこの時季です。木枯らしの吹く寒い夕暮れに、行きつけの割烹《かっぽう》を訪れたら、ほんのひと息ついたところで、もう絶妙なまでの火入れを施した熱々の茶わん蒸しが、すっと運ばれてきました。「時刻通りにいらっしゃると確信していたのでつくれたんですよ」と…。約束を守り続けると、こんな心遣いにも触れられるのですね。

店の名を「来人喜人《きときと》　はぎ原」といいます＝写真。私の郷里・富山県で注目株の一軒です。

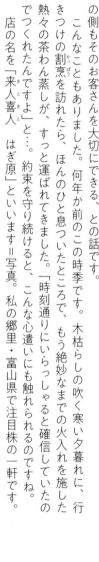

中学生の新鮮な発想

この秋、幾度となく京都府の京丹波町を訪れています。特産である栗＝写真＝を「リブランド」する事業を、町の職員さんと協業しながら進めるためです。リブランドとは、商品などの課題を洗い出し、その打開策を考える作業を指します。

京丹波の栗といえばもう十二分に有名なのに、どうしてまたリブランドが必要なのか。町の人に尋ねていくと2つの宿題に気付かされました。まず、生産量が全盛期に比べて10分の1以下にまで激減していること。気候変動、鳥獣被害、そして後継者難のためです。次に、六次産品の開発などによるイメージ強化が急務なこと。現在のブランド力にあぐらをかいたままではいけないという話です。

今、町の皆さんと一緒に作業を急いでいるのですが、その一環で私は先週、町の中学校で短い授業を受け持ちました。中学2年の生徒たちがちょうど「京丹波の栗にどんな課題があるか」「それをどう解決するか」のビジネスプランを発表するという科目に取り組んでいるところでした。その一助になればと、教壇に立ったんです。

私が話したのは、①ビジネスプランは耳を傾けてくれる相手がいてこそ、②だから相手が振り向くような説明が大事、③説明では、最初のひと言で相手をびっくりさせよう――の3点です。生徒たちは5つの班に分かれてプランをつくっているのですが、いずれも、みずみずしいアイデアを考案していたのには感じ入りました。新規就農者の思わぬ招致方法、栗の意外な育て方、その手があるのかと感じる鳥獣被害の回避法…。ビジネスプランには「驚きの要素」が必須ですが、生徒たちはそれをきちんと踏まえていました。

私たちのリブランド事業に取り入れたい発想も複数ありました。将来を担う世代を育てるためにも。

先入観、反省しました

「先入観や固定観念で間違いを起こすことは多い」と、かつてプロ野球の名監督は語っていました。いや、スポーツの世界だけではありません。私、先入観にとらわれていたために、一軒の名店を見逃したままでいるところでした。

私の暮らす住宅街に、年季の入った一軒の中華料理店があります。流行とはもう無縁といったような佇《たたず》まい。かといって、老舗然とした重みもそう感じさせません。お店は幹線道路から少し入った場所で、周りの環境もどうってことない。住宅や小さな店が軒を連ねた、よくある街並みです。ここに引っ越してきて15年ほどになります。この中華料理店のある道はしばしば通っているのですが、興味は全くそそられませんでした。「こんな場所、こんなおとなしい外観で、よく続いているなあ」と思っていました。

先日、ちょうど週末の昼どきにお店の前を通りかかったら、何人もが列をつくっていました。なんだこれはと驚いて、私も行列に加わりました。後で知ったのですが、昼には毎日のようにお客が外に並ぶ一軒だったらしい。

店内は満席です。一人客も仕事仲間ふうのグループも、家族連れもいました。おすすめの「ニラそば　800円」を頼んだら…。いや、これはインパクトがある＝写真。丼を覆うのは一面のニラ。一束のニラを使い切っていると聞きました。真ん中にのった半熟の卵が彩りとして映えています。

味はどうか。私の好みでした。「深追いしすぎていない」とでも表現すればよいのでしょうか。うまみがほどよく、穏やかで、じわじわと効いてくる味わいです。

東京・練馬の「多来福《たらふく》」というお店の話です。実は町中華の実力店だったのですね。先入観を抱いていたのを猛省です。

第4章 早春の町に10万人
～「譲れない一線」をどこに置くか

とりわけ地域ブランディングのプロジェクトにおいて、私が大切だと感じていることがあります。それは「譲れない一線」をまず見定め、その「一線」を守ることです。地域おこしなどの事業では、こがぶれるとかなり高い確率で事がうまく運ばないと思います。それはなぜか。

ステークホルダーが多く関わるケースが、地域ブランディングのプロジェクトではしばしば見られるからです。ステークホルダーとは利害関係者のこと。行政機関、民間事業者はもちろん、そこに指南役となる広告代理店やコンサルタントなどが加わることもあります。立場が違うわけですから、プロジェクトに期待することも実は異なるといった話も生じがちです。議論を進めていく途上でも、また、事業を続けていこうとする最中にも、意識に隔たりが出てしまう可能性があります。

だからといって、声の大きい人物が、思うところを何でも押し切ってしまうのでは、プロジェクトは長続きしません。となると、プロジェクトを実行するうえで極めて大事になってくるのは「譲れない一線」、つまり、「ここだけは守りましょう」という部分をステークホルダー全員の間で共有する作業です。「譲れない一線」とは、「ここを外したらプロジェクトが意味をなさなくなる」という根幹のところを、きちんと言葉で表現することで明確化できます。

131ページで紹介する「真壁のひなまつり」は、こうした作業を怠らなかったからこそ、2003年から続き（ただしコロナ禍が深刻化していた年はやむなく中止）、地元の家々に眠っているひな人形を生かした地域おこしとして、成功事例の筆頭と広く認知されるに至ったのだと思います。

茨城県桜川市の真壁地区で2～3月初旬に催されているイベントであり、コロナ禍の前までは毎年10万人が訪れているほどの人気となっています。真壁地区は小さな町です。古い蔵が多く、「伝統的建造物保存地区」に指定されているものの、観光地とは決して言えないような地域。しかも交通の便はあまりに悪く、飲食店も少ない。蔵の町ということで、ここを訪れる人も少なくありませんけれども、それが春先の時季だったりすると、寒さにこごえ、落胆したまま帰ってしまうのではないか。町の人はそれが心配だった。

寒い時期に真壁に来た人をがっかりさせたくない。せめてお茶の1杯も出して、少しでももてなせないか。それが「真壁のひなまつり」が始まったきっかけでした。蔵の中にあるひな人形を、道ゆく人に見てもらえるように有志で飾ろう、と考えました。最初はわずか20軒程度でしたが、年を重ねるにつれ、協力する店や家が増えていき、その後、160軒ほどが参加しています。

この催しの原点は「寒い真壁を訪れてしまった人を落ち込ませたくない」、これに尽きました。県外からも多くの人が来るまでになっても、商店街の店主たちで構成される実行委員会は、その姿勢を崩さなかったそうです。参加する店々や家に対しては、ひな人形の飾り方を指示などしない。だけれども、それ以外のところで厳しい約束事があります。それは「路上パフォーマンスはご法度」「何かの署名活動も禁止」「大音量での楽曲を流すのもダメ」というもの。客引きも禁止です。ただし、訪れた人に「どこからお越しですか」というふうに声がけすることはむしろ推奨されています。それはつまり、もてなすことが原点にあるからです。

この「真壁のひなまつり」は毎年、収支とんとん。地元商店街の店々にすればもうかるイベントでは決してありません。それでも「町に暮らす人の意識が変わった」ことが大きな成果であると実行委員長は力説します。10万人も来る一大イベントとなるまでに成長したのだから商売っ気を出しても不思議ではないのに、真壁の人はそうしませんでした。それはすなわち「譲れない一線」を共有できていたからでしょう。もしここを崩していたら、もしかすると「真壁のひなまつり」がたたえている、のどかな雰囲気は変わってしまって、人気は長続きしなかったかもしれません。

125ページでお伝えする「北の屋台」もまた、「譲れない一線」があってこそ、北海道の帯広市を訪れる観光客や出張客の支持を集め続けているのだと私は感じています。

今でこそ、「21世紀型の新しい屋台村」の先駆け的存在として高く評価され、全国各地に影響をもたらしていますが、2001年にオープンした当初は「1年ももたないのではないか」と地元ではうわさされていたらしい。実際、最初の3年間は散々な状況とも聞きました。それでも「北の屋台」を運営する協同組合(地元の企業経営者などが参画)は歯を食いしばって、当初に決めた方針を崩さなかったそうです。

方針とは何か。まず、どんなに運営が厳しくても「すでに営業している飲食店の2号店やチェーン店の出店はお断りした」。これは「北の屋台」が個人の起業を促す場にするという考えを守り切るためでした。店主イコール契約者という前提を徹底することで、各屋台には店主がいつもいて、即決即断で対応できる態勢を崩さないようにするためでもありました。さらには、「協同組合が『北の屋台』全体の運営をグリップして、それぞれの屋台は協同組合が打ち出す施策を受け入れること」も約束ごととしています。実はこの部分が大きかったとも私は思いました。よその地域の屋台村のなかには、個別の屋台が運営側の方針に沿わず、季節のイベントなどに参加しない例も見られ、その結果、志半ばで閉鎖となったケースもあるからです。

「北の屋台」はこうした「譲れない一線」を守り抜いて、最初の3年間を耐えしのぎました。すると4年目になって、厳寒の北海道になぜか屋台村がある、とメディアからの取材が相次ぎ、そこから快進撃が始まります。もし、苦しいからと方針転換していたら、この反転攻勢も、その後の継続もなかっただろうと私は見ています。たとえいっときのメディア露出があったとしても、そこからお客を集め続けられるほどの運営はおぼつかなかったでしょうから。「譲れない一線」を最初に決めることが重要なのは、地域ブランディングに限ったことではありません。もちろん、新しい商品の開発でも同じことが言えます。たとえば、133ページの「いちゃゆん」など、まさにそこがポイントでした。

沖縄県でつくられている泡盛の市場は、2004年からずっと縮小の一途をたどっていました。このままではいけない、と沖縄県酒造協同組合が動きます。それは2017年のことでした。協同組合は「沖縄にある46の蔵からひとつ残らず泡盛を集めて、それらをほぼ同量でブレンドした限定泡盛をつくってしまおう」と決断します。

ところがこれが簡単な話ではない。46の蔵のなかには、離島のごく小さなところも複数ありますから、協同組合に拠出できる泡盛を確保するのが大変なところも複数存在していました。それを粘り強く、協同組合の担当者が説得し続けたそうです、「これは泡盛業界全体のためなのだから」と。市場が危機的な状況にあえぐなかで、何かをしないといけないと説いたのです。

この事業では、仮にひとつふたつと参画する蔵が欠けてしまっては、その存在意義は薄れてしまいます。「沖縄じゅうの全部の蔵の泡盛をブレンドした」とうたうからこそ、そこに驚きと興味が生まれるわけで、「ほぼ全蔵」というのでは魅力は半減以下になってしまいます。だから、企画した協同組合にすれば、もう不退転の覚悟で蔵を説得し続けたのです。その結果、ひとつも残さずに泡盛は集まりました。担当者は「もしひとつでも欠けてしまったら、実行を諦めていただろう」といいます。第3章の冒頭で私は、覚悟こそが大事という話をつづりましたが、これはもう覚悟以外の何物でもなかったはずです。「必ずや全蔵を」というのが、協同組合にとって、どんなにハードルが高くても「譲れない一線」でした。

その覚悟が46蔵の共感を呼び起こし、さらには消費者の共感をも引き出して、「いちゃゆん」と名づけたこの泡盛は2018年に登場。そして完売を成し遂げました。2022年には、その第二弾として沖縄北部の「やんばるの森」が世界遺産登録となったのを記念する形で、沖縄北部に位置する12の蔵すべての泡盛をブランドした商品も生んでいます。2018年の第一弾に比べると、各蔵との交渉はすんなりと進んだと聞いています。第一弾の「いちゃゆん」で「譲れない一線」を貫いたからこそ、今回もうまくいったのではないでしょうか。

さて、このページの最初に私は、ステークホルダーが多くなりがちな地域プロジェクトで大事なのは「譲れない一線」の共有とお伝えして、ここまで事例を交えてお話ししてきました。では「譲れない一線」はどうすればきちんと掲げることができ、なおかつステークホルダーの間で共有を続けられるのでしょうか。ここも重要なところですね。

この第4章の127ページにも記していますが、必要なのは「最初の座組み」であると確信しています。座組みというのは、簡単に表現すると3つの約束です。「何を達成するかの約束」「達成するための予算の約束」「誰が責任を持って進めるかの約束」。この3つ。

そんなの、当たり前の作業だろうと感じられるかもしれませんが、実はこの座組みをあやふやな状態にしたままで約束を取り交わさず、途中でプロジェクトが瓦解《がかい》する例は少なくありません。ステークホルダーが多ければ利害関係は複雑になりますし、意識の温度差も生まれがちだということは先ほどお伝えしましたね。それが災いしてか、座組みを明確に固めず、まずは動こうとしてしまうプロジェクトを私は何度も見てきました。でも、初めにこうした3点の約束を交わしておかないと、「譲れない一線」を決めることも、それを共有し続けることも、難しくなってしまいます。

127ページの「山川光男」はその点、見事であると思います。山形県の日本酒蔵が4つ集まって共同醸造を手がけ、2016年から季節がめぐるごとに商品を世に送り出し続けています。本来はライバル同士で、酒づくりの技術を出し合うなど一昔前には考えられなかったでしょうが、それを実行し、それればかりか途中でついえることなく、商品を生んでいます。その姿勢に消費者も共感を寄せているのは、新作を出すたびに即完売という状況が証明していると思います。

さらに「譲れない一線」を守り抜き、しかも「座組みを明確化」した事例をお伝えします。富山県の名産品をコンパクトなサイズでラインアップして、そろいのパッケージで包んだ「越中富山　幸のこわけ」、121ページで紹介しています。県の研究機関である富山県総合デザインセンターが企画立案して、県内から「これは」というお土産物を選び、海産物やお菓子、お酒に至るまで、ジャンルを問わずおよそ30の商品を集め、取りそろえています。どれも地元で評価の高い人気商品ですから、それぞれの事業者に参画してもらうのも、とても大変だったはずです。それでも力強い商品を集め切っています。

最初の2010年度は3000万円ほどの売り上げでしたが、2016年度には2億円超えまでに育っていますから、地方の行政機関が手がけるプロジェクトとしては大成功の部類でしょう。もちろん現在も、県内の駅や空港、ホテルなどでよく見かけます。ちゃんと存続しています。

「幸のこわけ」プロジェクトで注目すべきことはいくつもあります。まず、行政機関が「やっては、やめて」の繰り返しから脱却を図ろうとした点です。総合デザインセンターの担当者は「行政の悪いクセ。こんなことを続けていては民間の事業者は行政から離れる」と考え、それこそ覚悟を決めて取り組んだのが大きかった。次に、今あるものを生かしたこと。この「幸のこわけ」には原則として新商品はありません。すでに地元の事業者が長年はぐくんできた実力派商品に光を当てようと動いたのです。そして最後のポイントは、商品をしっかりと峻別《しゅんべつ》したこと。富山で有名なお土産といえばます寿しですが、「幸のこわけ」には現在ラインアップされていません。実は初期の段階で一度、地元メーカーの手によって商品化を進め、実際に販売を始めたそうなのですが、すぐにやめています。試作段階では問題なかったそうです。ところが量産を始めて店頭に並べた商品が、総合デザインセンター担当者たちの眼にかなう水準ではなかったからでした。せっかくつくった商品はすぐさま店から全部回収。再度の試作を依頼したのですが、味がやはり良くない。結果、そのメーカーには撤退を命じ、以来、ますの寿しは「幸のこわけ」のなかで欠番となっています。

担当者は言います。「ここで妥協した商品を加えたら、すでに参画してくれている事業者に失礼」。まさに「譲れない一線」を守り、官民連携での「座組み」を決して崩さなかったわけです。

2018/10/18

＃地域おこし“新商品”は必要か　越中富山 幸のこわけ、南さつまのカラスミ

足元にこそ宝がある

地域おこしで「新商品」を開発したいとよく聞きます。でも、私は思うのです。「無理に新商品をつくる必要が本当にあるのか？」と。

富山県に「越中富山　幸のこわけ」＝写真＝という土産物があります。富山県総合デザインセンターが旗をふり、およそ30品目をラインアップ。共通の小分け包装に海産物や菓子などを詰めたものです。ですが、そのほとんどは前から存在したもの。つまり、長年、富山で風雪に耐えてきた商品を集めた土産物のプロジェクトです。

値段はひとつ５００円前後で手を出しやすい。小サイズなので試し買いにもいい。選んだのは地元の女性による審査委員会で、「大人の事情抜きに本音で贈りたいものだけを選んだ」と言います。

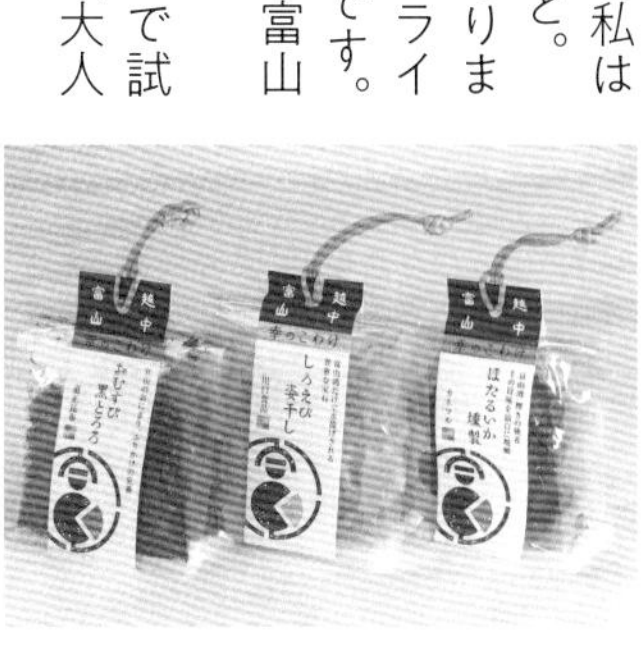

たとえメーカー側から売り込みがあっても、モノが良くなければ、断固として参画させないとのこと。県のプロジェクトでそこまでやるとは驚きです。ここが徹底しているからこそ、プロジェクトにブレがなく、消費者の心に刺さるのでしょう。現在では、年間２億円超の売上高。見事です。

もうひとつ。鹿児島県南さつま市では、特産品の開発に関係者が躍起になっていました。最後にたどり着いたのは、昭和初期まで地元の漁港でつくられていたカラスミ。途絶えていたカラスミづくりに立ち返ったんです。

ボラというと市場であまり見向きもされない魚ですが、地元の港では漁師がひそかに刺し身で食べるほど、実は超上物でした。そのうまさを再認識してカラスミ文化を復活し得た。１万円を優に超えるカラスミですが、初年度から完売です。

どちらの商品も「元来、その地にあったもの」です。それを生かさずどうするのかという話です。

「諦め」を覆す商品提案

このコラムではしばしば、「あなた」をめがけた商品こそが強い、とつづっています。ただし、単に世代や性別などで狙いを絞るといった、旧来のマーケティング手法にのっとった原則論をお伝えしているつもりはありません。この商品を待っている人の具体像が見えていること、それが大事ということです。

富山県の「TAPP(タップ)」という会社が開発した「サカナイフ」＝写真＝が、昨年ちょっとした話題を呼びました。クラウドファンディング(事業者などが新商品の企画を提案して、消費者から少額出資を募る)のサイトで、実に700万円以上を集めたからです。

何かというと、どんな人でも丸ごとの魚を難なくさばけてしまうとうたうナイフです。価格は1万4000円ほど。一般販売を始めた後も、品薄状態が続いています。

実際、購入してみましたが、うたい文句に相違はなかった。魚をさばいたことなどほとんどない私でも、あっけないほど、ちゃんと三枚おろしにできました。

少なからぬ人の心に響いたから、ここまでの反響を生んだのでしょう。私自身、魚をさばくなんて無理と諦めていました。

諦めていた、といえば、新潟県の「オークス」の「くるりとハチミツスプーン」などもそうです。ハチミツって、さじですくって食材にかけようとすると、卓上に垂れてしまうことが多いけれど、これを使うとまず垂れません。値段は約1300円です。

どちらの商品も、その価値にピンとくる人には「ああ、これが欲しかった!」と、たちどころに意義が理解できます。そうした人が一定数いれば、商売として成り立つでしょう。「あなた」に向けるとは、つまり、そういう意味です。

後発でも勝てる道がある

「やっぱり、よそが出していない業界初の商品を生まないとヒットはおぼつかないのでしょうか」とよく尋ねられます。私の答えは「半分は当たっています」です。どういうことか。強い商品を世に送る手段は２つ。ひとつはもちろん「最初に出す」。そして、もうひとつは「最後に出す」。つまり、先行する商品すべてを無力にするほどの訴求性を持てるなら、業界初にこだわる必要はない。

　つまり「最初か最後か」です。

「最初」としての好事例は、東京の「ホワイトローズ」の傘。今から約60年前、世界で初めてビニール傘を開発しました。当初は「ビニールを張るなんて」と、業界では散々だったそうです。その後、数多の企業が追随しても同社の挑戦はやまず、１９８０年代には「カテール」＝写真＝という超高級ビニール傘を開発。しなやかな骨、光を美しく透かすビニールが美点です。選挙戦で政治家がこぞって買っています。現行商品の値段は約１万円もしますが、今も選挙のたびに品薄に。

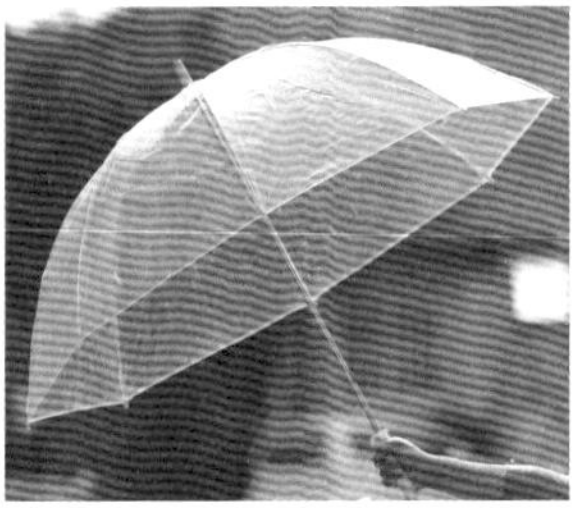

　では「最後の商品」としては？　北海道の木工メーカー「ササキ工芸」による、ｉＰｈｏｎｅ用木製ドック型スピーカー「Ｒ１６０」は、その典型です。

　ｉＰｈｏｎｅを差すと音が出るドック型スピーカーは百花繚乱《りょうらん》。値段も機能も幅広い。同社は後発ながら、そこに攻め込みました。

　なぜか。「木工メーカーとしての技術を生かせば、音質の面で絶対に自信のあるものがつくれる」。その矜持《きょうじ》こそが商品開発の源泉だった。値段は約２万５０００円です。

　先行商品をしのぐ音質と美しいデザインで現在、大手の流通小売りバイヤーの熱視線を浴びています。後発でも勝てる道はあるんです。

ロングセラーへの道

消費者の心に刺さり続けるモノ。これを育むのに何が必要か。私は「何を変え、何を変えないか」を見極めることだと考えます。

アサヒビールの「アサヒスーパードライ」がまさにそうでした。1987年に登場し、またたく間に大ヒットしました。でも、この商品、90年代半ばに他社の猛烈な追い上げにあいました。これは大々的なリニューアルをかけないともたないのではないか、と。

その局面で、担当者は上層部を前に力説したといいます。「一度成功したブランドにとって必須なのは、みずからのブランド価値を信じ続けることです」と。

この一言で、拙速なリニューアルは避けられたそうです。広告宣伝で「ビールとしての鮮度」を強く訴求する部分だけを変えました。つまり、ロングセラーになるには、何を変え、何を変えないかの峻別《しゅんべつ》が重要なのですね。

こんな話もあります。東京・向島の宇野刷毛ブラシ製作所は創業1917年。初めは業務用のはけが主力で、その後ブラシ製造にも着手。さらに近年は、一般向けにも日々使うボディーブラシ＝写真＝などへと裾野を広げています。

このブラシ、使うとすごく心地がいいのです。5940円もしますが、馬毛を手で植えているためでしょう、毛の部分がみっちりと、こんもりしている。手で毛を植えると、1本仕上げる作業に30分もかかることもあるらしいのです。こうして毛の密度を極めて高くできるのだそうです。

つまり、少しずつ商品を広げていったのが、変えた部分ですね。では、変えない部分は？「主力商品は、ずっと手植えであることです」と。理由を聞くと「昔からそうだから」。奥深い言葉です。

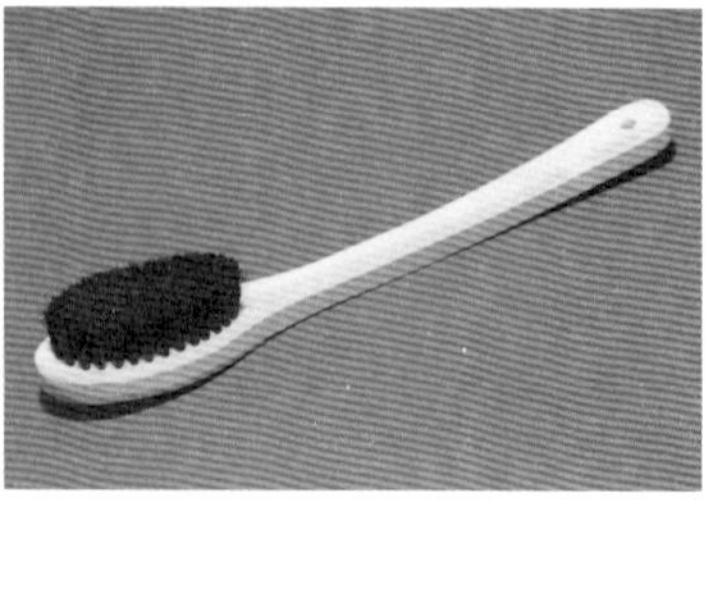

2019/3/14

＃「ない」と「ほとんどない」

北の屋台

わずかな「差」を大事に

モノをお客にアピールする点で、「差がない」と「差がほとんどない」とでは、実は大きく違うと私は思います。わずかな差が成否を分ける話は、結構あります。

こんな事例があります。各地に屋台村が数々登場しています。いくつもの屋台が立ち並ぶ、あの施設です。各地の屋台村をめぐると、にぎわい続けるところと、勢いを失うところの明暗が大きい。

なぜか。観光客の多い街が成功しているともいえません。屋台の軒数によるとも限らない。ここで思うわけです。屋台村の好不調は、それこそ「わずかな差」で生まれているのではないかと。

取材を進めると、私には実際そう強く感じられました。屋台村の元祖として知られる、北海道・帯広の「北の屋台」＝写真＝が開業したのは、2001年です。もう18年もたつのに、今も各屋台が連日ほぼ満席なのに驚きます。

現地でわかったこと。まず、客層が観光客だけでない。理由は明快。屋台同士がしのぎを削り、地元民も知らない、旬のとびきりのひと皿を提供し続けるからです。

それを可能にしているのは、食材の生産者との距離の近さです。生産者みずから屋台に足を運び、これぞという作物を売り込んでいます。そして、客の反応を確かめるため、客としても来訪している。

また「北の屋台」は3年で契約更新する仕組みで、緊張感が常にある。個人飲食店の起業と育成が方針の根幹にあり、それを18年、全く崩しません。こうした細かな要素が重なった結果、「北の屋台」を後追いしたほかの屋台村と、実に大きな差が開いたのでしょう。屋台を並べればそれで成就、では決してないのですね。

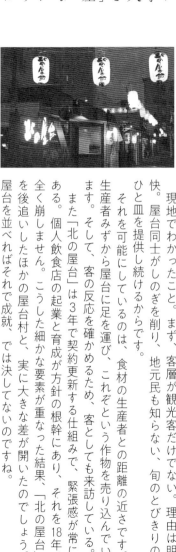

「どうあるべきか」示す

数あるモノのなかでも、そもそも「その商品分野はどうあるべきか」を、つくり手が考えを打ち出している商品は、やはり強いです。消費者がなんとなくイメージしているものを超えたところに斬り込んでこそ、ヒット商品は生まれるといえるかもしれません。

まず「ご当地雑煮シリーズ」＝写真＝という商品についてです。開発したのは、「お雑煮やさん」という東京のベンチャー企業です。岩手、会津、東京など数種類の雑煮を再現しています。箱の中にはレトルトの具材と汁、そしてその土地の雑煮に即した形の餅。

1箱700円もします。なのに、これが売れていると聞きます。大手生活雑貨店がいち早く仕入れ、現在では大手企業と提携し、年に4万食以上がさばけています。

同社の社長は考えたそうです。まず、雑煮を正月だけのモノにしておくのはもったいない。雑煮は「地方の食を知る、まさに入り口なのだから」と。

確かにそうです。「雑煮を1年中、いつでも」。さらには「よその土地の、未知の雑煮を知る機会こそ必要」。これこそが同社が掲げた〝旗〟ですね。

家電製品も旗を鮮明にすれば、やはり人を引きつけます。福島県の山本電気が開発した「マルチスピードミキサー　マスターカット」。1万数千円するフードプロセッサーが、大手の製品を蹴散らす売れ行きを見せています。なぜでしょうか。「フードプロセッサーとはどうあるべきか」という考えが、実に鮮明だからです。

強力なモーターで刃の回転速度は無段階に調整可。容器の形もシンプルで、洗うのが実に楽です。

どちらも一見地味ながら、少なからぬ消費者がつくり手の誇りに反応したからこそ売れたんです。

2019/4/18

＃地域おこし「座組み」が肝心　山川光男

温度差を乗り越える

地域おこしでは、複数の企業や官民が連携することが多いですね。ただ、私は途中で暗礁に乗り上げた事例を何度も見てきました。九州の老舗商店街がご当地アイドルを発掘しようとしたり、中部地方の街が官民連携で地元の食をアピールする施設をつくったり…。当初の熱気を保てず、頓挫したり縮小を余儀なくされたりしました。

そうした事例で共通する問題点は何だったか。「座組み」を最初にしっかりしていなかったからではないかと、私は思います。

座組みというのは「何を達成するかの約束」「達成するための予算の約束」「誰が責任を持って進めるかの約束」を指します。関係者が多いと利害関係が複雑ですし、意識の温度差も生じがち。それだけに、初めにこうした3点の約束を交わすのが大事なんです。

では、うまくいった事例は？

たとえば、日本酒における「共同醸造」など、そうでしょうね。かつて（いや今も一般的には）、それぞれの蔵が持つ、独自の技術は門外不出。それを競合する酒蔵に開示するなんて考えられませんでした。ところが…。

ここ数年、全国各地で近隣の酒蔵が協力してひとつの酒を醸すという動きが盛んです。なかでも私が好きなのは、山形県の4つの蔵が協業する「山川光男」。とぼけた味わいのキャラクター（彼が山川光男）＝写真＝が、なんともいい感じです。その名は、山形の四蔵の銘柄から一文字ずつ取り、付けられました。

2016年夏から季節ごとに商品を出し、今も続いています。

「山川光男」に限らず、こうした取り組みでは、日本酒文化を発展させるための、とてもいい座組みができています。「温度差は乗り越えねば」という話ですね。

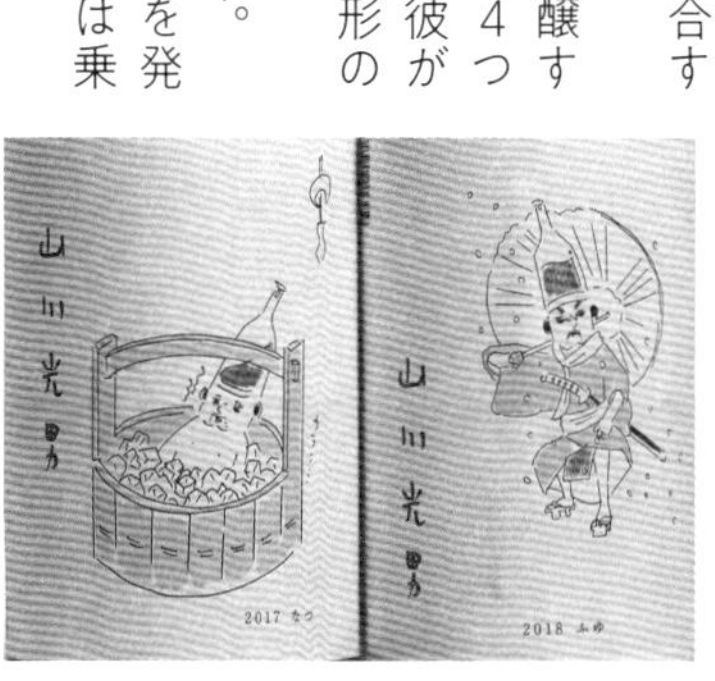

＃全泡盛酒造が集結

均等のブレンドに手応え

これまで、私は全国各地で地域活性化プロジェクトや町おこしイベントの監修役を務めてきました。でも、もどかしい気持ちに陥ることが多い。地域全体が一枚岩にならず、残念な思いをいくつも経験しました。「そんなことして何になる?」と言い切られる場面もありましたし…。

　だから、私が関わっていない事例でも、関係する人全員が一致団結して進めているものに出合うと、心底、素晴らしいと感じます。たとえば、沖縄県酒造協同組合が昨年に手がけた「いちゃゆん」＝写真＝の製造販売などは筆頭格です。

　沖縄には全部で46の泡盛酒造所があります。「いちゃゆん」は、その全46蔵の泡盛をひとつ残らず、しかもほぼ均等の割合でブレンドしたという痛快な商品。数量限定販売で、４合瓶１本だと１９４０円(43度)です。那覇の飲食店で口にしましたが、これが思いのほかおいしい。店の人が言いました。「ケンカしないで、まとまった味でしょ」。

　この「ケンカしないで」というところが、まさに言い得て妙。後日、酒造組合に尋ねたら「全部の酒造所でないと意味がない。だから懸命に説得しました」とのこと。すべての蔵がよくぞ、それこそケンカせずに協力したと思います。

　泡盛の市場は縮小の一途で、なんとかしたいとの気持ちがひとつになったからこその話ですね。全国をめぐると、深刻な状況下でも一枚岩になれないケースがある。そう考えると「いちゃゆん」はすごい。わざわざこんな泡盛をつくって、効果がある?　あったそうです。泡盛の価値に若い世代が振り向く契機となる手応えを得ました。

　この泡盛、大都市圏の物産展などでは、残り本数わずかながら、購入できる可能性はあります。

2019/7/25

#固定ファンを大事に　　マルチスピードミキサー マスターカットのその後

アフターケアは生命線

「あなたの心をつかみ、あなたに届く商品づくり」こそが、つくり手には大事になると、当欄では何度もつづってきました。今回は「あなたをつかむ」のは、商品づくりだけに限らないと訴えたい。

126ページで、福島県の山本電気が開発した「マルチスピードミキサー　マスターカット」＝写真＝を紹介しました。中小企業の商品ですが、フードプロセッサーの国内市場規模を変えたほどの高機能。1万数千円もするのにロングヒットとなっています。

私も同機を発売翌年の2011年から愛用していますが、へたってきたのか、モーターが動かなくなりました。買い替えか…と思いつつ、同社に連絡して現物を送ったら、なんと、わずか中3日で修理を終えて戻ってきました。しかも本体はきれいに磨き上げられ、不具合のあったカバーも交換。これで約5000円の修理費なら申し分ない。

しかも、電話はすぐつながり、本体に添えられた修理報告書には、どこを直したか手書きの丁寧な文字でつづられていました。アフターケアとして満点としか言いようがない。

この経験を通し、38ページでもつづっている鋳物ホーロー鍋の「バーミキュラ」を販売する愛知ドビーのことを思い出しました。

同社のアフターケア窓口電話は事務所の真ん中にあり、そこにいる社員すべてが対応する仕組み。なぜそこまで、と尋ねたら「中小企業にとって、数少ない自社商品を愛用し続けてもらうには、アフターケアは生命線」と言います。

なるほど。この2社のような実直な対応こそ、「あなた」を大事にする証しでもあるのですね。「お客さまセンター」の電話すらつながりにくい大手メーカーに、物申したくなってくるほどです。

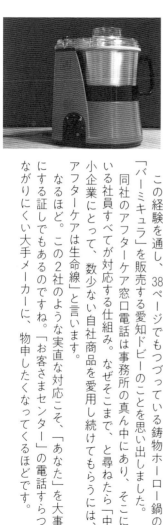

2019/12/19

トーダン

#デジタル全盛、逆風なのに

原点回帰、攻めるカレンダー

「逆風が吹き荒れる業界だから」だと、つくり手が諦めるのは早すぎるかも、という話を、今回はお伝えします。

このスマートフォン全盛の時代でも、紙の手帳が年間1億冊売れていることを、ご存じでしたか。デジタル系のツールでスケジュールを管理する人が増え、いっときは手帳の市場は苦境に立たされました。ですが、この10年で徐々に息を吹き返しています。

スマホが苦手なユーザーが紙の手帳を買う？　いやそうではない。あるメーカーに尋ねたら、スマホを使いこなす若い女性層も、手帳を併用しているらしいのです。

単なるスケジュール管理ならスマホで。一方、日記のように思いついたことを書き留めたり、旅などの記録を残したりするのは手帳で、という感じなのでしょう。わかります。紙のほうが便利な場面ってありますよね。で、ここからなのですが…。

紙の手帳よりも厳しい業界が、カレンダーの世界のようです。年々、数％ずつ市場が縮小している。かつては年の瀬にあらゆるところで配られていましたけれど…。

そんななかで奮闘している企業に出合いました。カレンダー専業メーカー「トーダン」です。法人向けの商品が中心でしたが、数年前、個人向けの市場開拓に着手。その際、「カレンダーって、そもそもどうあるべきか」と原点に立ち返って考え直したそう。たどり着いた結論は、まず数字が見やすいこと。次にメモがしっかり書けること。そして暦の情報が詳しいこと。さらには「縁起物でもあるべきです。新年に飾る、月の節目でめくる。そこに意味がある」＝写真。

成果は、売り上げに少しずつ表れ始めたそうです。逆風に立ち向かう意識なくしては生まれなかった商品でしょうね。

地元が幸せになること

地域おこしに最も大事なことは何か。友人の大学教授から、問われたことがありました。教授の答えは「地元に住む人が幸せになること」。なるほどな、と感じ入りました。一時的に人を呼びこむとか、経済効果を短期的に上げるより、それが大事だと。

でも、少なからぬ地方では、その〝最終目的〟を忘れているような気もします。「その場での答えを出す」ことだけに労力を費やしているケースも散見されます。

今回取り上げたいのは、茨城県桜川市真壁町で開催中の「真壁のひなまつり」。約160もの店や家がひな人形を飾り＝写真、期間中は実に10万人が訪れるそう。

2003年に始まり、今年で18回目です。真壁は同県西部の小さな町。歴史的建造物が立ち並びますが、有名な観光地というわけではありません。陸の孤島といった感のある立地で、公共交通機関もほぼありません。

03年の冬、真壁の商店主が、ひな人形を飾ろうと声を上げました。寒い中でも、真壁を訪れる人が少しはいる。その人たちにわずかでも喜んでもらいたいと考えた。ところが、周囲からは「そんなことして何になる」「ウチには得がない」との反発もあったそう。それでも20軒ほどが呼応。そして翌年には70軒以上、3年目には100軒を超えたと聞きました。

行政の助成金は一切なし。視察に来る人はそれに驚くらしい。あくまで地元の自主的な取り組みなのです。

催しが真壁に何をもたらしたのか――。実行委員長は言います。「何も変わっていません。でも訪れる人をもてなそうという気持ちが醸成されたし、ひな人形をみずから手づくりすることに楽しみを見いだす地元民が増えた」。これでいいのだと思います。

体の「暦」が旬を求める

東京の豊洲市場にある和食の名店「高はし」（21ページ）のご主人が先日、こんな話をしてくれました。「冬の味覚のアンコウって、今も上物が入荷します。でも僕は、2月半ばで献立から外す。お客さんの体が求めていないからなんです」

ご主人が解説するには、食べる人は無意識のうちに体内時計ならぬ〝体内暦《こよみ》〟のようなものを働かせる。立春を過ぎたこの時季、人はおのずと、春に向けて旬を迎える食材をより好むそう。

そんな話を聞いて思い出したのは、キャビア。チョウザメの卵を塩漬けした高級食材です。このキャビアにも実は旬があることを、浜松市の山奥、春野地区を訪れて知りました。

金子コードは、ここ春野地区に湧く美しい水を生かし、チョウザメの陸上養殖を続けています。採卵するのは晩秋から桜の咲くころまで。それが摂理にかなっているからだというのです。

そのキャビアはごくごく薄い塩だけで加工され、低温殺菌もしない。つまりフレッシュな状態のキャビアを提供できるということです。ただし、この手法だと、食べられる期間には限りがある。加工からせいぜい3週間らしい。

その名も「ハルキャビア」＝写真。いや、口にして驚きました。想像を超えるクリーミーな味わいで、奥ゆかしくも上品なコクが押し寄せる。あまたのキャビアのように、長い保存が前提で強い塩を施したら、こうはいかなかったでしょうね。

一般販売はせず、料理店への供給が主だそう。恐る恐る値段を尋ねたら30gで2万円。それでも生産が追いつかないほどの注文が届いているらしい。食べる人にとっても、食材の側にしてみても、しかるべき時季というのがあるのだなという話です。

若手が続き　斬新企画

連携が新しい息吹を生むという話を今回はつづりたいと思います。
以前、「いちゃゆん」という泡盛のことをお伝えしました(128ページ)。沖縄県に泡盛の蔵は全部で46あります。そのすべての蔵の泡盛をほぼ均等にブレンド。驚きのといいますか、画期的な泡盛です。沖縄県酒造協同組合が旗振り役で、一昨年の夏に発売し、またたく間にほぼ完売となりました。

泡盛の出荷量は2004年以来、ずっと減少傾向。その危機感から、皆でなんとかせねばと考え、企画したそうです。

「いちゃゆん」とは「出会い」という沖縄の言葉。すべての蔵の泡盛がまさに「出会う」形でつくられた商品で、泡盛業界に勇気を与えたと聞いています。

ここからが今回の本題。「いちゃゆん」に続くプロジェクトが昨秋、花開きました。今度は泡盛の12の蔵で働く若手社員たちが集まり、勉強会を実施。そして「尚《しょう》」という商品＝写真＝を発売したんです。

「いちゃゆん」が「全蔵の泡盛をひとつに」だったのに対し、「尚」は違うアプローチ。12の蔵がそれぞれ、全く同じ「尚」という名の泡盛を出す試みです。12蔵の「尚」に共通しているのは商品名のほか、「3回蒸留」という、これまでなかった製法を取っていること。普通は1回蒸留か、ごくまれに2回だそうです。

複数の蔵の「尚」を口にしてみました。いずれも、しゅっとして洗練された味わい。でも、微妙な風味は蔵それぞれに違う。720㎖で3000円強と安くはありませんが、これは面白い。

苦境にある泡盛業界で、まず酒造組合が動き、若手が続いた。いい話です。

距離よりかわいらしさ

商品開発は「何をするか」を決めるのと同じくらい、「何をしないか」を判断するのが重要です。

数年前、大阪府東大阪市の町工場と一緒にカニの自動殻むきロボットづくりに挑みました。地元の小学生が考えたアイデアを形にするという夢のプロジェクトでした。でも、困難を極めた。悩んだ末、町工場の人たちが決断したのは「タラバガニは諦めてズワイガニに特化する」。両方に対応しようとすると実現はおぼつかない。ならばタラバはやめようと考え、そこから完成への道が開けました。

なぜ、それを思い出したか。間もなく国内で発表されるとみられる、ホンダの電気自動車（EV）の「ホンダe」＝写真＝の開発プロセスに触れたから。まさに「何をなし、何をしないか」を見定めようとしたクルマかもしれない、と私には感じられました。

まず「何をしないか」。この新型EV、1回の充電で走れる距離が既存の他社のEVの5、6割ほどと、ずいぶん短いようなんです。EVでとかく注目されるのは航続距離。充電切れが怖いからでしょうけれど、距離最優先を目指すと、バッテリーが相当重くなり、車両本体価格も跳ね上がる。「ホンダe」はそこをすぱっと切った。急速充電性能がかなり高く、いざとなれば充電すればいい、と。

では「何をなした」のか。デザインに関する点です。担当デザイナーは「EVにこそ、抱きしめたくなるようなかわいらしさが必要」と言います。確かに…。どこか冷たい印象を与えかねないEVだけに大事な開発思想であり、他社にない視点だとも私には思えた。無機質な機械に愛嬌《あいきょう》を付加する。日本のモノづくりでは元来お手のもののはず、という話でもあります。

2020/10/22

＃国産ノートを愛用

紙のミルフィーユ、ジャポニカ学習帳

付加価値高めた意欲作

人は1冊のノートブックにいくらまで出費できるのか、それが今回のテーマです。私は仕事柄、紙のノートを毎週のように購入しています。取材メモのためでもあるし、会議のためでもあります。まあ、100円台でも十分な質の物が買えますが…。

今、私が使っているのは2つのノートです。まず、取材用は「紙のミルフィーユ」=写真左=という商品で、2000円台半ばです。値は張りますが、実に美しい。その名の通り、紙がきれいなまでに重なっている姿が極上のスイーツのようです。

このノートをつくるのは、東京・足立区の三洋紙業。輸入物のノートには同じような高値の物があります。ですが、国産で、しかも大手ではない企業がこうした意欲作を出しているのが痛快です。

会議用にしているノートは「ジャポニカ学習帳」=写真右=です。ショウワノートが1970年に発売した学習帳で、ロングセラーとして知られていますね。今年、表紙の写真に「昆虫シリーズ」を復活させたことが話題にもなりました。こちらは200円程度と手頃ではありますが、それでも学習帳としてはちょっと高い部類です。

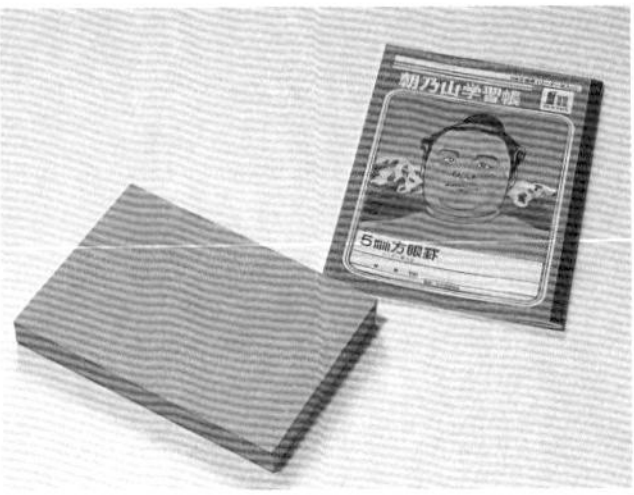

同社に尋ねたら「他社よりあえて値段を高くして、その分、付加価値を付ける」という戦術を一貫して続けてきたそうです。これが功を奏してでしょうか、50年間、生きながらえた。今、私が手にしているのは大相撲の朝乃山関のイラストが表紙のバージョン。同社は元来、学習帳の表紙に力士を据えるのは横綱だけと決めていたそうですが、朝乃山関は例外だった。同社は富山県の高岡が本拠。郷土力士を応援する意味がそこに込められているようです。

ノートという成熟商品の領域で、小さな会社が頑張っているという話でした。私は支持したいですね。

ライバル酒蔵、融合の味

今年の夏も、各地で多くの祭りが中止や縮小を余儀なくされています。たとえば「青森ねぶた祭」、高知の「よさこい祭り」など…。

開催に向けて懸命に知恵を絞るケースもあります。名古屋の「にっぽんど真ん中祭り」は昨年、オンラインでの開催を決断したら、結果として参加チームは過去最多となり、総視聴者数は約150万人に上りました。今年もオンライン開催で、今日から始まります。

私の郷里・富山県では「おわら風の盆」が中止です。起源は江戸時代。切ない調べを奏でる胡弓《こきゅう》の音色に合わせて、踊り手が風情ある古い町並みを練り歩く姿に、多くの人が魅せられています。例年なら8月下旬が前夜祭で、9月1日から本祭となるはずでした。

ただし、舞台である富山市八尾の町でこの夏、ひとつの新しい動きが生まれたことに、私は驚き、うれしくもなっています。八尾は養蚕や和紙づくりで古くから栄えた町です。そうした地域に必ずと言っていいほど存在するのが日本酒の蔵。八尾には老舗の蔵が2つも根付いている。でも、小さな町に酒蔵が並び立っていれば、厳しいせめぎ合いもあるでしょう。どんな関係だったか想像に難くない。

それがこの夏…。積年のライバルが、なんとお互いの酒を交換し合って「八尾ブレンド」という商品を一緒に出したんです＝写真。純米酒は玉旭酒造がブレンドを担い、原酒のほうは福鶴酒造が担った。どちらも1650円。なぜまた急に？　今戦うべきは隣の蔵ではなくてコロナ禍だという決断だそうです。発売日は、本来なら前夜祭が始まる8月20日。

私にはとても大きな一歩と感じられました。まさに新たな風です。飲んでもみました。長年にわたって切《せっ》磋《さ》琢《たく》磨《ま》してきた2つの蔵の酒が交わると、ああやっぱりうまい…。

異分野で独自技術生かす

会社に危機が訪れた場面でどう動くのがいいか、という話です。手首に巻くシリコーン製バンドが発売から3年半で累計65万本売れています。油性ボールペンでメモを書いては消し…を5000回も繰り返せるのがミソ。商品名を「wemo(ウェモ)」といい、値段は1320円です=写真。

開発したのは文房具メーカーではありません。東京・立川市のコスモテックという会社で、主力事業は機能性フィルムの開発です。液晶ディスプレーに欠かせない素材であり、大手家電メーカーとの取引が大半を占めていたそうです。

ところが2000年代後半、テレビの市場から勢いが消え、社業に暗雲が垂れ込めた。社長は「これまで培った技術をほかの領域でも生かすほかない」と判断します。そのなかで浮かんだのは、人の肌に直接貼れるフィルムを手書きメモとして使ってもらうアイデア。面白いですよね。でも開発は頓挫しました。値段が高くなるから。

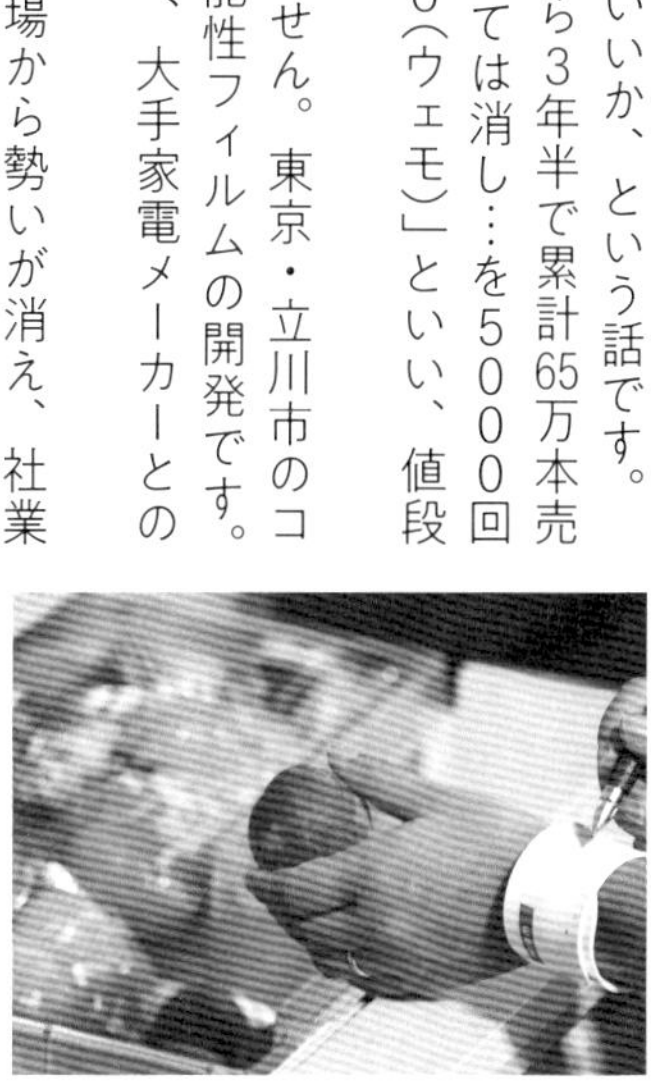

だったら腕に巻くバンドをメモ帳のように使えれば、と同社は考えた。フィルム技術が自慢の会社なのに？　と、私は不思議に感じたのですが、実はバンドに塗る高分子素材は独自技術によるもので、それがあるからこそ何度も書き消しが可能になる。ちゃんと自社の宝を生かせたわけです。

こうした開発の経緯を知って思い出したのは、今まさに苦境に立っているほかの業界で奮闘する経営者たちの顔です。私の知る一軒のすし屋は、酒類提供自粛のなか、テークアウトで魚の昆布締めを数々そろえ、地元客を振り向かせています。すし職人としての技術を生かしつつ、店内での飲食とはまた違った魅力を打ち出せた。

苦しい時こそ足元にあるものに光をあてようということですね。

社名大きく　社員を鼓舞

今週、来週と、京都芸術大学でゲスト講義に臨んでいます。テーマは「地域とデザイン」です。

ここでいうデザインとは、ポスターやパンフレットなどを制作する話に限っていません。地域のなかにある、もやもやとした課題に対して解決を図るための、すべての発想、提案、実行の作業を指します。これ、地域おこしプロジェクトのなかで、とても重要なプロセスです。つまり、デザインの概念や目的、その実践には、いろいろな意味が含まれるわけですね。

企業の商品づくりにおいてもやはり、デザインの意義をどう捉えるかは大事です。ひとつの事例をお伝えしましょうか。

新潟といえば米菓メーカーの多い県ですね。最大手クラスだと売上高は1000億円規模ですが、10億円ほどの中小メーカーも頑張っています。そのなかに竹内製菓という一社があります。昨年話題になった日産自動車の「新型カキノタネ」(同社の歴代人気モデルを模《かたど》った柿の種)の製造を担うなど、小さいながら実力派のメーカーです。ただし、業界内では名が通っていても、一般的な知名度はそれほどでもない。ではどうするか。

経営陣はこう考えました。「今や『おいしければ売れる』という意識ではいけない」。そこで、定番商品である一般販売向けの「お徳用柿の種」のパッケージデザインを一新することを決めました。

当初、社内では反対の声も上がったそうです。「売れているんだからこのままでいい」と…。でも経営陣は説得を続けます。それは社員に「この柿の種が自社ブランドなんだという意識を持ってほしかったから」。そして新パッケージには社名を大きく掲げた＝写真。パッケージ一新後、出荷数は急増。社員の意識を変え、しかも売り上げでの結果も出せたんです。

2021/12/9

#それでも紙を　　himekuri

楽しみ増すカレンダー

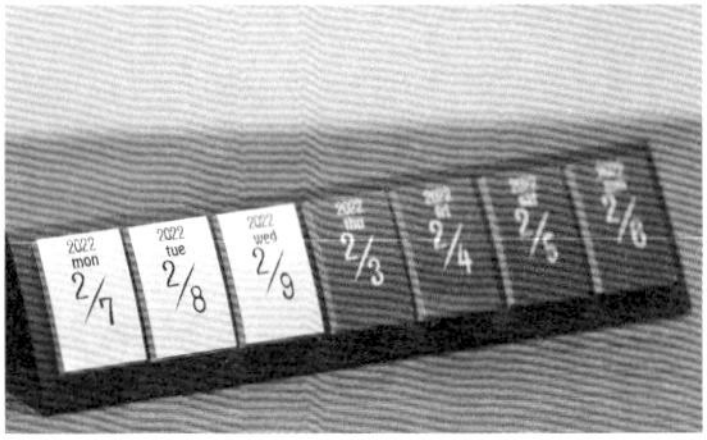

年の瀬が近づいています。新年を迎える準備、進んでいますか。

たとえば手帳の購入などもそうですね。モノのデジタル化に伴って、紙の手帳の国内市場はいっとき落ち込みかけましたが、2000年代半ばから復活し、現在では年間1億冊規模といわれています。毎日のスケジュールをスマホアプリなどで管理しながらも、どんな食事をとったか、外出先で何があったかといったメモを手書きで残したい人は多いのでしょう。

カレンダーは？　こちらこそスマホで事足りる気がしますね。実際、紙のカレンダー市場は1990年代前半に比べると、現在では7割程度の規模に減っています。

でも、奮闘するメーカーは存在しています。東京のケープランニングという企業の「himekuri」＝写真＝はまさに好例です。値段は2000円台と高めですが、年間で3万個売れていると聞きます。既存の日めくりカレンダーと違うのは、1週間分が横に並んでいるところ。で、1枚1枚がのりの付いた付箋なんです。剝がしたら終わりではなく、それこそ手帳やノートに貼り付けて、その横にその日の出来事をつづるのに使える。

さらに、この商品のシリーズには「文具」「スイーツ」というのもあって、それぞれの分野の人気ブランドのイラストが365枚（1年分ですね）に描かれています。付属するブックレットに毎日貼っていくと、1年後にはコレクションが完成するという趣向。

異なる絵柄を印刷した付箋を曜日ごとに貼り重ねる工程はかなり大変らしい。それでも発売に踏み切ったのは同社が町の印刷屋さんだから。業界全体が厳しいなかで受注をただ待つのではなく、自分の手で商品を生み出したかったそう。その強い思いと企画力が、消費者の心に刺さったのでしょうね。

暮らしに必須　希望も運ぶ

四国出張の折、徳島県の２つの施設を訪れました。那賀町の「未来コンビニ」＝写真＝と、上勝町の「ゼロ・ウェイストセンター『ＷＨＹ（ワイ）』」。前者は食品や生活用品を扱う小売店、後者は地元住民が家庭で出たごみを持ち寄る施設です。

そう説明すると、全く違うものに思えるかもしれませんが、共通点がとても多い。どちらも市街地から遠く離れた山間部に位置します。「未来コンビニ」があるのは那賀町の木頭地区、ユズが特産の旧木頭村です。「ＷＨＹ」のある上勝町は、葉っぱビジネスで知られています。ただし、いずれも過疎化に悩む地域です。

共通点はまだあります。両施設とも２０２０年に開設され、それぞれ、建築や空間デザインの権威ある賞を獲得してもいるんです。

「未来コンビニ」は実に美しいガラス張りで、平日の午前から地元の人たちが次々とやって来ていました。周りに小売店がなく、ここはいわば「生命線」。店の一角には子どもからお年寄りまで集えそうな休息スペースもある。スタッフに聞くと「コロナ禍が収まれば、イベントなども催したい」。

「ＷＨＹ」のある上勝町は、かねて、ごみゼロを目指すと宣言しています。町にごみ収集車はなく、住民は細かく分別したごみをここに持ち込みます。で、それらの大半はリサイクルへ向かいます。「ＷＨＹ」（なぜ）という施設名で、建物を上から見下ろすと「？」の形を描いています。人々が「なぜ、ごみは出るのか」などに思いをはせるように、と。

どちらの施設も、訪れる人をあっと言わせる建築デザインです。でも、デザインだけで勝負していない。その施設を開設する必然性があり、暮らす人に希望や誇りをもたらしているんです。

ウニがダメなら貝がある

先週、ある中学校の全校生徒の前で講演してきました。テーマは「諦めないクセを身につけよう」。そうすれば成功する、とは軽々しく言えません。ただし、窮地に立っても「まだ次の手はないか」と探す姿勢は大事だと思います。

今回の本題です。2度の危機に見舞われても諦めなかった話。北海道の様似町は、春にとびきりおいしいウニが採れる地域です。ところが、2020年のコロナ禍で春ウニの需要が激減しました。

どうするか。地元観光協会の職員、そして北海道の産品情報を全国各地に伝えるグリーンストーリープラスの代表が動きます。「だったら、春ウニを殻付きのまま、消費者に直接売ろう」。漁師さんは「やったことがない」「殻付きの状態で送って、中身が溶けかかっていたらクレームになる」とためらいます。でも実行した。それしか手がなかったのです。

春ウニファンクラブと名付けた、この取り組みは成功します。わずか1日で募集枠の40人が埋まり、100人まで増やしたほどでした。ファンクラブとしたことで、クレームも出なかった。購入者が様似町を支えたいという思いを寄せたからでしょうね。

この町を2度目の危機が襲いました。昨秋、海に赤潮が発生。今年の春ウニが全滅したのです。復活するのは早くても4年後の見通しでした。ここで町の人たちはくじけなかった。「春ウニがダメなら貝があるじゃないか」と…。そして、ファンクラブの会員にホッキ貝などのセットを販売します＝写真。これがまた抜群にうまい。漁期のあやで、ここのホッキ貝は卵を抱いた状態で採れます。それを送ったら、大きな反響が起きた。

様似町は漁師さんの気持ちが沈む時でも、諦めなかった。応援したくなる話じゃないですか。

「人を磨いて」　業績回復

コロナ禍に見舞われてからの2年間、飲食業界が逆境に陥ったのはハワイも同様です。今月、ハワイを久々に訪れた私は一軒のおむすび屋さんに足を運びました。「Ｍａｎａ Ｍｕｓｕｂｉ」といいます＝写真。

２００８年に日本人が創業。ワイキキから少し離れたダウンタウンにあります。つまり、地元で暮らす人に照準を定めた。朝６時半の開店直後から客が途切れず、３時間ほどで連日完売と、たちまち大人気店となりました。商品は日本でよく見かける三角形のおむすびそのもので、鮭《さけ》やツナマヨが売れています。ハワイ風にアレンジした商品ではない。それが現地の人から絶大な支持を得た。

それぞれの客が少なくても4つ、多い人は10個以上をまとめ買いしています。家族や職場の仲間でシェアするんですね。値段は1つ2ドル(約２７０円)前後。物価高のひどい状況を考えれば、手ごろ感があります。しかも、おむすびはすべて店内のキッチンで手づくりされています。

こんな人気店でも、2年前は深刻だったと聞きました。当時、運営を委ねていた事業者の態勢がまずかったこともあり、売り上げが9割減となった月もあったほど。

そこからどうしたか。オーナーはみずから運営の陣頭指揮を執る態勢に戻します。そして、キッチンや売り場など部門ごとのリーダーを決め、やるべきことを整理して伝え、おむすびをつくる手順の意味も説明し直した。その結果、売り上げは急回復し、現在はコロナ禍以前の水準をも上回っています。

危機的な状況下でも、オーナーは焦らず、いわば「人を磨いた」のですね。それがおむすびの品質はもちろん、接客姿勢も上向かせ、大復調を果たす原動力となったわけです。

2022/10/6

＃旅の祭典　　ツーリズムEXPOジャパン

人の魅力こそ集客力

先月下旬、東京ビッグサイトで開かれた「ツーリズムＥＸＰＯジャパン２０２２」に行ってきました＝写真。「世界最大級の旅の祭典」とうたい、北海道から沖縄県まで全国のブースが出展したほか、世界78の国・地域からも参加。４日間で12万人超が来場したそうです。来場者が列をなしていたブースをのぞくと、プレゼントを配ったり抽選会があったりといったところが多かった。やっぱりグッズで気を引く手法は強いのか、と思わせられましたが、そうとばかりも限らないことが、会場をめぐってわかりました。

ものを配らなくても、来場者が集まる場所がありました。それは人の力を前面に出したブース。沖縄のブースでは、小さなステージで繰り広げられていた沖縄空手の演武を見つめるお客さんが並んでいました。ＪＲ東日本のブースや北陸・飛騨・信州の共同ブースでは、伝統的な踊りを真剣に披露する姿に、来場者が足を止めていた。海外のブースに目を転じると、タイの民族衣装をまとったスタッフとの記念撮影が人気でした。

こうした様子を目にして考えました。プレゼント攻勢で人を呼ぶというのは、実際の旅でいえば、何かの特典を付けたり、宿泊や飲食料金を割引したりする手法に通じますね。もちろんそれも時には有効です。ただ、旅する消費者の気持ちを動かす決定的な要素は、やっぱり人ではないか。旅の記憶に長く刻まれ、また訪れたいと感じさせるには、特典や値引きには限界があるかもしれません。消費者を迎え入れる側からすればコストも無視できませんから、その意味でも特典の付加だけで押し続けられはしない。

旅への意欲が再び高まっていくはずの今後、各地が真っ先に磨くべきは人の力。そう思います。

実力あるモノには惜しまない

いろいろな商品だけでなく公共料金の値上げのニュースも飛び込んでくる年の瀬です。気を引き締めてかからねば、と毎日の生活で意識する場面が増えました。

とはいうものの、ここはというところでは、ためらいを感じたとしても出費を惜しまないように、とも心に決めています。「モノの値段には理由がある」と私はいつも考えているからです。そこに期待を寄せられる製品やサービスには、ちゃんとお金を支払いたい。

大事な会議に参加する日や、シンポジウムに登壇する日など、私が履く靴は「スコッチグレイン」のストレートチップです。東京の墨田区でつくられている一足で、値段は3万円強とすさまじく高価なほどではないのですが、大事に履き続けているつもりです。

で、このストレートチップというタイプは、つま先をいかにつや出ししておくかが、履く上での勝負どころなんですね。ところがこれが難しい。私の手で何種類ものクリームを使って挑んでも、狙ったようには黒光りしてくれない。

なので私は、気の張る日にはプロに任せることにしています。よく訪れるのは、東京の新橋駅に隣接するビルの地下にある「靴みがき本舗」という小さな店です。基本のコースは２５００円。いやもうとても高い。普通は１０００円もしないところが多いですからね。

それでもこの店を選ぶのは、磨く様子を眺めるだけでも楽しいというのがひとつ。20分ほどかけて、今度は何を塗るんだろうかと思うほど、クリームをつけてはのばして、を繰り返します。そして、最後には見違えるような仕上がり＝写真。ストレートチップの先っぽは鏡面のように美しい。

モノの値段に理由ありとはこういうことかと思います。私には無駄遣いと感じられない時間です。

第5章

ホテルの評価は遅い朝で決まる

～推して知るべし、を創出する

私は今、50代半ばですが、20代から30代にかけて、雑誌編集者として国内外のホテルの覆面宿泊チェックを続けていました。取材とは一切伝えずにあくまで一般の客として客室を予約して、実際に泊まって点数をつけるという仕事です。

ホテルでの滞在中にチェックする項目はたくさんあります。細かな部分を含めれば100を超えていたと記憶しています。泊まった客室の面積を測り、ゴミが落ちていないかを確認し、備品が十分に用意されているかも見ます。また、フロントスタッフやコンシェルジュ(滞在中の相談ごとに乗ってくれる係)などにお願いごとをして、どのような対応だったかもチェックします。こうしたホテル覆面宿泊チェックの記事は、何年かに一度、私が編集者として在籍していた雑誌で大きく掲載しました。全国のシティーホテルチェック、海外のリゾートホテルチェックといった特集記事を組むわけです。

この雑誌の編集長に就いてから2年ほどたった頃、国内で「伝説の人」とまでいわれているベテランのホテルパーソンと歓談する機会に恵まれました。ふと思うところがあって、そんなに深く考えることもなく、私はこう尋ねてみました。

「私たちは一軒のホテルに泊まるごとに100項目を超えるチェックを続けてきましたけれど、実は『ただひとつ、ここだけを見れば、そのホテルの実力が残酷なまでにあらわになる』というような項目ってあったりしませんかね」

そんな都合のいい項目なんてまずないだろうと踏んでいたら、このベテランホテルパーソンは即答でした。

「いや、あるんですよ」

びっくりしました。すぐさま「何ですか、それって」と重ねて問いました。その返事が155ページにつづった内容です。「朝食の提供終了15分前に、レストランに行ってみれば、そのホテルの実力はわかります」

ああ、と納得しました。いったい、どういうことか。

朝食の提供終了15分前というのは、「ホテルの都合」と「客の都合」がぶつかり合う瞬間なのです。レストランにいるスタッフとすれば、朝食の提供が終わったら急いでランチ営業の準備を進めないといけません。朝食の営業が終わったら、限られた時間の中でセッティングを変えなればいけないからです。だから、終了15分前というのは気がせく時間帯なのですね。では、客の側からしたらどうか。ブッフェ形式の朝食なら、朝の忙しい時間帯に10分ほどで手早く済ませることだってできますし、提供終了15分前というのはまだラストオーダーの時刻を迎えているわけではありません。だから、この時間帯にレストランに入ることは、とがめられるいわれはない。もちろん、朝食提供が終わった時刻に飛び込んで「まだいいでしょう」と言うのは、なしです。営業時間というのは、ホテルと客の約束事ですから。けれど、終了15分前に「急いで食べさせてください」とレストランに入ることに、問題は全くないということです。

こうして「両者の都合」が真正面からぶつかる場面で、ホテルの側は客に寄り添うことができるのかどうか。ベテランのホテルパーソンが教えてくれたのは、まさにそこにホテルの矜持《きょうじ》が表れるという話です。どんなに贅《ぜい》をこらした客室を備えていても、どれだけスタッフたちがいかにも丁寧な口ぶりで接客していても、朝食終了15分前の対応がだめだったら、そのホテルの実力は大したことない。そして、そうした対応を見せてしまうホテルだったとするなら、別の場面にも手抜かりが露呈するものだ、というわけです。

　このホテルパーソンの言葉を聞いてから、実際にホテル覆面チェックの際にやってみました。朝食終了15分前にどんな対応をされるのか、全国のホテルで試したのです。すると、もう明らかなまでに、そこに大きな違いがありました。宿泊料金がけっこう立派なホテルであっても、レストラン入り口付近の狭いテーブル席を促されたり（見晴らしのいい席がずいぶんと空いていたにもかかわらずです）、もう時間ですよと言わんばかりに、テーブル席のすぐ脇でフォークやナイフをがちゃがちゃと音を立てて整理し始めたり、その一方で、「まだ時間は大丈夫ですから」と、一声かけてくれたホテルもありました。なかには営業終了の間際に「お召し上がりになりたい料理がまだおありでしたら、ブッフェワゴンから取ってまいりますよ」とまで言うホテルにも出合いました。

　で、この朝食終了15分前の対応がどうだったかの結果と、ほかにチェックした100項目ほどの集計結果を突き合わせてみたら、ほぼ相関関係がありました。朝食時の接客がしっかりしていたホテルでは、そのほかのチェック項目の合計結果もやはり良好だった。ベテランホテルパーソンの話していたことは正解だったと身をもって知ることができました。

　この話を通して、何を言いたいか。ものごとには「推して知るべし」という要素がある、ということです。あるひとつのものに触れると、そこから全体のありようを理解できる可能性が大いにある。

　同様にホテルの場合では、客室に置かれている靴べらの仕様と、客室全体の快適性にも、どうも相関関係があるようだ、とある時気付きました。166ページで書いているとおり、木製だったり革製だったりと手触りのよい靴べら、あるいは柄が長くとても使いやすい靴べらを用意しているホテルは、客室内のそのほかの要素に目を向けても滞在が心地よくなるように工夫を凝らしているケースが多い印象です。靴べらはホテル滞在のほぼ最後に手にする備品です。室内用のスリッパから自分の靴に履き替えてホテルを発つわけですから。そうした場面で使うモノにも心を砕いているホテルは、靴べら以外もちゃんとしているということなのでしょう。こうした小さな違いが、意外にも大きく影響するのです。

　この章で取り上げている事例から、さらにいくつか解説をしていきます。159ページでは、北海道・帯広に根付く人気の屋台村にある一軒の郷土料理店についてつづっています。この店、羊肉の料理や旬の野菜を使った料理など、いつ訪れても驚きがある店で、私がことに好きなのは「真だらの肝煮」というひと皿です。普通なら捨ててしまう真だらの肝を、丁寧に下ごしらえしたうえで火入れした一品。もうぐいぐいと地酒を誘います。私が訪れた時の値段は480円でした。さしたる儲けにはならないはずですが、それでも店のご主人は手間をかけてこれをつくっている。このごくごく安価な料理から、ご主人の姿勢をたちどころに理解できる気がしたのもよかった。

東京の豊島区に「トキワ荘マンガミュージアム」がオープンしたのは2020年のことです。ここを訪れた時の話を162ページで紹介しています。若い漫画家たちが暮らし、作品制作にしのぎを削った舞台であるアパートのトキワ荘はその後解体されていますが、それを再建し、内部の様子までも子細に再現している施設です。もちろん、そうした演出にも見応えがありましたが、私がうなったのは、迎えてくれるスタッフのとことん親切な姿でした。もうそれだけでうれしくなります。こうした施設で重要になってくるのは、ハードウエアにも増して、実は人なのではないかと思ったくらいでした。もてなしてくれるスタッフの対応こそが、施設を光らせてくれるのです。ただ何かを展示すればそれでいいという話では決してない。

「人が光らせる」という点では、163ページでつづった「機長のアナウンス」も印象に強く残っています。コロナ禍のもとでも少しずつ旅ができるようになってきた2022年のゴールデンウイークのことでした。国内出張で羽田から富山に向かう機内には、ひさびさに子ども連れの家族も多く見られました。

上空を水平飛行している場面で、機長のアナウンスが入りました。「飛行機に乗ってくれたお友達」という呼びかけのあと、「この飛行機は、北陸新幹線のかがやき号の2倍の速さで飛んでいます」と機長は「お友達」に語りかけたんです。東京―富山は2015年開業の北陸新幹線に押されて、航空便は劣勢に立たされています。そうしたなかでさらりとエアラインのアピールを試みた機長はうまいなあと思わせますし、単なるPRではなくて、子どもがちゃんと興味を引くような言葉で伝えていたのも心憎かった。言葉ひとつで、製品やサービスの魅力を、「未来の顧客」の心に刻むことは可能なのです。

167～168ページで紹介する「紋別タッチ」は、ここ数年の取材活動のなかでも特に記憶に残るものでした。コロナ禍による搭乗率の下落によって、北海道の紋別は、羽田からの航空便が休止してしまうかもしれないという危機に見舞われます。この路線は紋別の人にとって文字通りの生命線です。JRが廃線となって以降、地元の医療を支えてくれる少なからぬ医師が、この航空便を使って東京から訪れているからです。

ここで立ち上がったのが、地元のホテルで常務を務める一人の女性でした。航空マニアが集うSNSを通して、ぜひ紋別に来てくださいと語り続けます。マニアたちはその声にすぐさま呼応しました。航空会社の搭乗ポイントを稼ぎたいマニアはしばしば、沖縄便などの遠距離路線のチケットをわざわざ購入してまでポイント加算に精を出しますが、そんなマニアがあえて沖縄便よりポイント稼ぎの効率が悪い紋別便を選び始めたのです。

ここで紋別のホテル常務はさらに動きます。空港スタッフに働きかけて、羽田から飛んできて、わずか40分間の滞在でとんぼ返りするという「紋別タッチ」を実行するマニアたちのために、記念ステッカーやスタンプカードを制作してもらいました。また、空港内のカフェやお土産物屋さんのスタッフにもホテル常務が精力的に声をかけることで、そうしたショップの接客もみるみると丁寧で温かなものになりました。

このホテル常務、2021年の夏ごろから、雨の日も雪の日も毎日、紋別空港の2階デッキに立って「紋別タッチありがとう」と刻んだボードを掲げながら羽田からやってくる航空機を出迎え、そして送り出しています。ちょっと考えればわかることですが、このホテル常務にとっては、仕事上、何のメリットもない話です。「紋別タッチ」する客たちはホテルには泊まらず、とんぼ返りですから。それでも常務は毎日デッキに立ち続け、その結果、マニアたちは今も紋別を目指し続けています。小さな行動の積み重ねが大きな成果を呼んだという意味で、とても勉強になる事例であると感じさせます。

ちょっと別の角度からも解説を加えていきましょう。156ページの高岡伝統産業青年会の話です。金属加工など古くから伝承されてきた地場産業に元気がなくなり、若い経営者たちはこの事態をなんとかしたいと思い悩んでいました。2010年ごろ、この会に新たに加わった一人のデザイナーがここで動きました。「名刺のデザインを改めましょう」と提案したのです。なぜなのか。「これまで、伝統産業の職人さんは名刺を使うことはほぼなくて、みずから外にアピールする意識も薄かった。それを変えるには、『思わず手渡したくなるデザインの名刺』をつくるべきだ」と考えたからでした。会の中からは「なぜわざわざ新しい名刺をつくるのか」という反発もあったそうですが、このデザイナーは説得を重ねます。そして、会のメンバー一人一人の顔を版画のような作風で仕上げた似顔絵にして、全メンバーの名刺に印刷しました。

実際に名刺が完成したら、会の皆はこぞって名刺を携え、外部の人たちに手渡すようになりました。それまではまずなかったことでした。ここから高岡の伝統産業を支える若い世代の意識に変化が生まれ、矢継ぎ早にイベントを催したり、下の世代の育成に力を注いだりと動き始めました。名刺のデザインを変える、というごく局所的な話にも思える取り組みが、地場産業を活性化させる大きなきっかけにまでなったのです。先ほどのホテルの話に少し引き寄せて話しますと、名刺ひとつにも意識を持てるということは、そのほかの取り組みや日々の仕事に対する姿勢もおのずと違ってくるということなのでしょう。

最後にもうひとつだけ、ここでお伝えさせてください。158ページに、ちょっと唐突にも感じられるかもしれない原稿を載せています。「いきなりですが」という文字からつづり始めて、再び訪れたいと私が願っている6軒の飲食店の魅力について書きとめました。どうしてこの原稿を書いたのかといいますと、連載の掲載日が2021年3月11日だったからです。東日本大震災から10年を迎える日に、微力ながら私なりの応援をしたいと考え、東北6県でとりわけ好きな店のことを紹介しようと決めました。ただし、この日の新聞朝刊には東日本大震災という文字が何度も登場すると予測して、あえて震災という言葉は使いませんでした。

この6軒の飲食店はどれも、訪れる人の気持ちに寄り添うような、温かみのある店です。東北に来たんだなあ、としみじみ感じさせる、と表現してもいい。震災からの復興への取り組みはまだこれからも続きます。もし機会があるようでしたら、ぜひのれんをくぐってみてくださいね。

#朝飲みができる街　角打住吉酒販、純喫茶ツタヤ

出張が旅に変わる瞬間

今日は商品そのものではなく、モノをどう売るかという話です。お題は「酒」です。

私は週の半分は地方に出張する生活をしていますが、あるとき、気付いたことがありました。「朝飲みのできる街って、食文化が深いんじゃないか」

実際、朝飲みの一軒に寄ると、きりりとしたスーツ姿の大人が、出張の最後のひとときを酒で締めくくっている、という風景に出合います。ほんの1杯か2杯で、さっと立ち去る感じ。きっと、この瞬間だけ「出張を旅に変える」という意識があるのでしょうね。

福岡市のJR博多駅の駅ビルにある「角《かく》打《うち》住《すみ》吉《よし》酒《しゅ》販《はん》」=写真=は朝8時からのれんを掲げています。地酒がふんだんで、店の人に聞けば好みのものを選んでくれます。また「酒屋のぬか漬け」「うにからすみ」と、ちょっとだけ飲むにはいいあんばいのつまみもそろえています。ある朝、私が立ち寄った折には、スリーピースを着た男性、スーツ姿がりりしい女性と隣り合いました。出張の締めくくりに朝から1杯の地酒を、というのはちょっと粋に私には思えます。

さらに紹介したいのは、富山市にある「純喫茶ツタヤ」です。1923年創業で、一説によると日本最古の純喫茶らしい。

4代目が跡を継いだ一昨年、個人経営の喫茶店は厳しい時期でした。そうしたなかで4代目が手始めに決断したのは、朝営業の復活。27年ぶりだったといいます。

どこに朝飲みの要素が？　朝7時、ここのオムレツにスパークリングワインが楽しいほどよく合うのです。窓の外には通勤客を乗せた路面電車の姿も…。

こんな楽しみを朝から提供してくれる街、奥深いと思いませんか。

「あなた」が食べなきゃ

モノのなかでも、「食」を用いた地域おこしは、定番の手法です。でも、必ずしもそのすべてが成功しているとは感じられません。

成否を分けるのは何か。思い浮かぶのは「ご当地コロッケ」の例です。安くて親しみもあるコロッケを地域おこしに生かそうとしている自治体はそれこそ数十もありますが、実態には大差があります。

茨城県の「龍ケ崎コロッケ」＝写真＝は、地元の女性層が中心になって盛り上げました。地道な努力が実を結び、その活動は今も元気な印象です。

群馬県の「高崎コロッケ」は、20年近く前に市内で開かれたイベントで提供されたのがきっかけ。それが好評で、イベントだけで終わるのはもったいないと、その後も精肉店がつくり続けています。

私は、食を通しての地域おこしは「もともと長く存在していたものに光を当てる」のがベストだという信念を抱いています。でも、何かのきっかけで〝つくられたメニュー〟であっても、地域に根付いていくなら、それはそれで評価するべきだと思います。ぶち上げても盛り上がっていないご当地コロッケも見かけますので。

どこが「分かれ道」か。「地元の人が普段から食べているかどうか」に尽きると感じます。龍ケ崎でも高崎でも、ごく普通の日でも地元の人たちがコロッケを口にしているのに対し、うまく展開していない地域では、何かのイベントの時に思い出したようにアピールして終わり、というケースが多い。実際、そうした街で「コロッケを食べてますか」と町の人に片っ端から尋ねたことがありますが、「ノー」が大多数でした。

要は「街に住むあなたが愛しているか」。これはほかの地域産品でも同様に大事な話です。

2019/5/16

#観光地の大要素　　珍味堂

その“看板”は大丈夫？

数年前のこと。陶芸で人気を呼ぶ関東地方の町を訪れました。駅からタクシーに乗ったのですが、運転手さんの接客は乱暴でした。その町の人たちに伝えたら、彼らもわかっていたんです。「タクシー会社が減った結果、こういう状態で」と。でも、それは言い訳になりません。観光で集客を目指すなら、なおのこと。観光地の一大要素とは何でしょうか。

今度は先日の話。四国の高知県を訪れました。足を運んだのは、20年以上の歴史を刻む「ひろめ市場」でした。約60店が集まる屋台村形式のフードコートです。

その夜と、翌朝も行ってみたのですが、なかなかの実力店を見つけることができます。まず「珍味堂」＝写真。朝8時から開いていて、クジラのさえずりや、百一珍(豆腐の加工品)などが、ずらりと待ち構えています。パック詰めというのも、気軽さがあってむしろ楽しい。朝から1杯やりたくなります。また、ギョーザの「安兵衛」も評判にたがわないひと皿を繰り出していました。

ただし、ひとつ言いたいことが…。「ひろめ市場」にはカツオのたたきを売り物にする店舗がいくつもあります。が、全くの玉石混交です。私は立て続けに数軒もの店で注文しましたが、旬を迎えるこの時期に肩透かしの中身だったところが少なくなかったのです。

地元の観光関連のプロにそっと尋ねると、「実はそうなんです」。高知の食にさとい人の間では、その評価は定着しつつあるとのこと。「いいカツオは県外に流通してしまって…」と言いますが。

この施設がこの先5年、10年と愛されるためには、私は当たり外れがあるままではいけないと思います。〝街の看板〟は大事にしないと。

好機を生かせているか

年末にかけ、多くの人が移動する時期ですね。また、来年は東京五輪・パラリンピックですから、さらに人は動きます。先日、九州の宮崎県に出張しました。仕事を終え、早めに空港に着いてぶらぶらしていると、実に面白い店が目に入った。精肉店があったんです＝写真。宮崎牛のステーキ肉やブランド豚などが並んでいます。

ＪＡ宮崎経済連グループによる出店で、全国の空港でも肉の専門売店は初めてらしい。私、とても意義ある取り組みと感じました。意外性はひときわだし、購入しなくても「宮崎においしい肉あり」と記憶に残ります。

この宮崎空港、お土産物屋さんも頑張っています。おすすめの商品に丁寧なＰＯＰ（説明書き）を添える店舗が多い。特産の「くじら羊《よう》羹《かん》」の由来など、今回初めて知りました。こうした店舗があったりするから空港って楽しいんですよね。地域の宝物に思わぬ形で出合える。

さらにいくつか挙げてみましょうか。北海道の新千歳空港には本格派のバーがあり、ウイスキーマニア垂ぜんの「厚岸蒸溜所」のニューボーン（短期熟成酒）が飲めます。かなり希少な1杯です。

北陸の富山空港に入っている回転ずし屋は安くてうまい。飛行機に乗らない地元の客もわざわざ訪れるほどとも聞いています。すしといえば、九州の長崎空港の店もなかなか。地元の魚介を存分に味わえる。値段はやや高めですが、街の店をしのごうかというほどの実力です。

空港は、その地の滞在で最後に過ごす場。地域の空港がそこで何を伝えるか。お肉屋さんの出店とまでいかずとも、細かな趣向ひとつで印象は変わると思います。

朝食終了15分前に実力

良いサービスと、悪いサービスを分けるものは何でしょうか。

あるホテルの総支配人にこんな質問をしたことがあります。「ホテルの真の実力が一発であらわになる場面って、あるのですか」

この総支配人は「それが、あるんですよ」と即答。それは「朝食終了の15分前です」。

どういうことか。朝食を提供するレストランのスタッフは、終了15分くらい前になると、ランチ営業への切り替えのことで頭がいっぱいだといいます。朝食終了からのわずかな空き時間で、テーブルセッティングの変更など、すべてやり通さないといけないから。

そのせいで、ややもすると、朝食終了15分前に訪れる客をぞんざいに扱ってしまいがちだというんです。もちろん、それではダメですよね。朝食など15分もあれば終えられるものだけに、終了15分前に入ろうとする客の行動には、なんら問題がないわけです。

客とホテルの都合がぶつかる場面で、いかに客に寄り添えるか。そこにホテルの矜持《きょうじ》が表れる。

なぜこんなことを思い出したかといいますと、大都市圏で普及の進むタクシー配車のアプリ、実際に利用しようとすると使いにくい場面が目立つからなんです。最大手のアプリで羽田空港からの定額サービスを頼もうとしても「予約不可」が多く、街なかで呼び出そうとすると、しばしば追加料金(980円)のチケット購入を促されます。早朝に限らず、平日の午後でも。

これでいいんでしょうかね。先日、ハワイ出張で「ウーバー」=写真=を頻繁に使いましたが、実に便利でストレスがなかった。国内のタクシー業界が生き残るには、ウーバー並みの利便性と、客に寄り添う意識が不可欠なはず。

名刺１枚から開く世界

日本には、各地に伝統産業が根付いています。そして、時代の変化に敏感な職人も多々います。

たとえば、佐賀県の有田焼。２０１０年代に入ってから欧州への市場開拓に乗り出しています。４００年の歴史を有する有田焼ですが、欧州での器のあり方ひとつから勉強していったそうです。こうして「外に打って出た」のが有田焼であるなら、「内を見直した」伝統産業もまたあります。

富山県高岡市は鋳物と漆器の街です。そうした産業に携わる若手の職人や問屋経営者などが集まる高岡伝統産業青年会という組織があります。半世紀近く続いていて、現在の会員数は40人。

この10年、同会は矢継ぎ早に新たな試みに挑んできました。まず、会員の名刺を作成し、伝統産業の歴史を感じさせると同時に洒《しゃ》脱《だつ》なデザインにした＝写真。これには大きな意味があったと聞きました。伝統産業の職人さんは名刺を持たないことが多い。「それではダメで、みずからの名刺を携えて、いろんな人に渡す意識を抱かねば」との思いで制作したそう。

次に、工場見学を軸にした「高岡クラフツーリズモ」を始めました。とにかくたくさんの人を招こうというのではなく、この地の伝統産業を理解してくれる人たちと深いつながりを持続させるのが目的。さらに短編映画まで製作しました。7年前、まだ「地ムービー」(地域発の映画作品)という言葉が一般的ではなかった時期。しかも行政からの助成金頼みではなく、同会の経費でまかなった。ここが重要。作品の自由度が高くなるから。実際、職人の生きざまを描いた良作として話題になり、イタリアの映画祭にも出品しました。

伝統産業の市場規模が縮小するなかでも奮闘する人はいるんです。

細部に宿る心意気

　こういう社会情勢下ですから、家族旅行は車で移動という人も多いでしょうね。つい先日、東京と大阪を高速道路で往復しました。その間のサービスエリア（ＳＡ）を全部見るためです。いったい何のために？　もちろん仕事です。

　ＳＡめぐりをやってみると、気付くことがあります。たとえば、同じ県産牛をメニューに載せた飲食施設のあるＳＡが複数あったのですが、注文してみると中身はものすごく違う。街なかのレストランと競っても勝つほどの立派なひと皿が出てくるかと思えば、実にがっかりするケースもありました。

　今回、東西を往復して、一番感じたこと。それは、ＳＡの良し悪しとは、建物の豪華さによるものと限らないという話でした。具体的にいうと、物販のゾーンでは売り場の広さがどうこうより、商品説明のＰＯＰが楽しいＳＡに惹《ひ》かれました。東名の富士川ＳＡ＝写真、新東名の岡崎ＳＡなどがそう。スタッフの息遣いが感じられ、何か買いたくなります。

　地域産品を扱うのは、どのＳＡでも見られる趣向ですが、何を前面に押し出しているかも気になるところ。新東名の浜松ＳＡでは、菊川の「くずシャリシャリ」という葛《くず》で固めたアイスキャンディーに出合いました。地元民が支えているひと品を知ることができた。

　さらに、私が注目した部分は、旅行を終える寸前のＳＡで「帰宅後の食事」の購入をすすめている売り場があるかどうか。弁当や総菜など…。これ、切実な話ですよね。旅の直後にご飯を用意するのは面倒だから。東名の海老名ＳＡが頑張っていたし、名神の大津ＳＡもまずまず対応できていました。

　結論です。ＳＡ間の違いは、訪れる人のリアリティーをどれだけ意識できているのかによるのかも。

2021/3/11

＃あの街　この店

再訪したい、6つの味

いきなりですが、私が好きな飲食店を6軒、お伝えさせてください。どれも地元の人に愛され、しかもよそ者にも優しい店です。

福島県・いわき駅近くの「夜明け市場」は被災した店々が移転して集う一角。その入り口に和食店「和楽　魚菜亭《ぎょさいてい》」＝写真＝があります。魚好きにはたまらないでしょう。メヌケ（メヌキのことです）のかす漬けという希少なひと皿もある。

宮城県・石巻の「食堂きかく」は1940年の創業です。店構えがとても渋い。店主の温かさがにじみ出ている雰囲気もまたいい。創業以来の中華そばはサバ節を使用、10年ほど前に生まれたサバだしラーメンはサバの骨も使うそう。

岩手県・陸前高田では、人気店「公友館　俺っ家《ち》」が復活。まず、さすみ（刺し身）の盛り合わせを頼むべきです。三陸の魚介をこれでもかと味わえます。地酒である「酔仙」の限定品に出合える日も。

山形県では、酒田の「こい勢《せ》」がいいですね。この街には立派なすし屋が多いのですが、地元のタクシー運転手さんが「技術のこい勢」と称したほど、腕の立つ一軒です。旬を生かしたつまみも充実しているので、たっぷり飲めます。

秋田県にいきましょうか。秋田市内の「焼肉　風磨」は秋田由利牛を食べ尽くせる貴重な店です。赤身と脂のあんばいがとても絶妙で、食べ飽きしない。以前、幸運にも秋田由利牛のタンを口にできました。滋味深い逸品でしたね。

青森県・八戸は、新旧8つの横丁が連なっている街です。私が必ず立ち寄るのは「洋酒喫茶　プリンス」。レトロな空気感が実にいいし、オリジナルカクテルの魅力も大きい。寒い地のカクテルは得てして少々強めで、ここも例外ではない。私は何度も深酔いしました。

2021/3/25

＃食材の奥深さ　　琥羊

捨てる部位が逸品に

食材の面白さや奥深さには、毎日のように驚かされています。私の家の近所に「オオゼキ」という人気のスーパーマーケットがあります。高級店ではないのですが、思わぬ食材にしばしば出合える一軒です。たとえばここ数カ月、岩手産の鴨《かも》肉が売り場に並んでいますが、先日は鴨の脂身だけを300円ほどでパック売りしていました。

脂身なんてどうする？　いや、この鴨の脂で長ネギなどを焼いたら、立派なひと皿になるのです。

別の話です。野菜のセリって、根っこのところこそおいしいことを、東北・秋田県の居酒屋で知りました。これまで考えなしに捨てていたのを反省しました。

で、ここからが今回の本題です。先日、久しぶりに北海道の帯広を仕事で訪れ、なじみの飲食店に顔を出したら、ご主人から開口一番「あれ、今日ありますよ」とほほ笑まれました。すぐにピンときました。「真だらの肝煮」＝写真＝です。

地元産の真だらの肝を煮付けたものなのですが、これがもうぐいぐいと地酒を誘います。上品で雑味がなく、コクが深くて、ねっとりとした舌触りがまたいい。アン肝ともフォアグラともまた違う、より澄んだ味わいともいえます。

この真だらの肝煮って、よそではまず口にできません。しかも、この店でのひと皿の値段は480円と驚くほど安い。

なぜかとご主人に尋ねたら「普通は捨ててしまって終わりの部位ですから」。地物の新鮮な真だらをさばくときに肝を丁寧により分けて、優しく扱いながら火を入れていくそう。その結果、大都市圏にはない味に仕上がるわけです。

地域の宝物とはこういうものなのでしょう。帯広の「琥《こ》羊《ひつじ》」という店での話でした。

「つくり手」見えればOK

「買い物でうまくいくコツは?」とよく聞かれます。そのたびに「失敗したときの落胆や怒りを忘れないことです」と答えます。意外と忘れて、同じような体験を繰り返しがちだから。

私自身、買い物の失敗に直面するケースも当然あるわけです。先日、工事業者の人に自宅浴室の換気扇を交換してもらったら、工事した職人さんが深刻な表情で戻ってきた。「天井裏の電気配線がひどい状態」と話すんです。聞くと、どうも新築時に手抜きされていたらしく、すでに漏電していて「発火寸前です」とのこと。念のため、別の業者にも確認してもらいましたが、やはり同様の返答でした。「素人がつなげたような、ありえない配線になっています」

もしこのまま火災になっていたら発火理由はわからずじまいだったでしょうね。単に私が自宅の保守を怠ったため、となったかもしれません。天井裏の配線がまっとうかどうかまでは、想像を全くめぐらせていなかった。

ここから私が得た教訓は…。家の購入には念入りな確認を、というのもそうですが、普段の買い物でも「できるだけ、相手の顔が見えるところから購入しよう」ということです。改めて自分の身の回りを振り返ると、そうやって買っている商品もすでにありました。丁寧な縫製を実感できる久米繊維工業のTシャツ、あるいはカバンの一大産地である兵庫県豊岡市のアートフィアーが製作する「ニューダレス」というバッグ=写真=もそうです。縦長の形状で、本体は堅《けん》牢《ろう》かつ温かみも感じさせるデザイン。

Tシャツもバッグも、つくり手の息遣いといいますか、何を狙い、どう長く使ってほしいと考えているかが明確に伝わる商品と思えます。だから安心して買えました。

地域の食発見　楽しもう

「旅をしたら、その土地のスーパーマーケットを訪れてみよ」とよく言われます。実際その指摘は当たっているなあと感じますね。その地域の流行も伝統もわかるから。数年前、米国を訪れた折に人気のスーパーをのぞいたら、オーガニック商品が花盛りでした。また、私の妻などは、イタリアのごくありふれたスーパーに凄《すさ》まじい種類のオリーブオイルが並んでいたことに感慨を覚えたそうです。

国内でも楽しい発見が期待できます。沖縄県の那覇では、県外でほぼ出合えないようなインスタントラーメンがたくさんあった。

で、今回の話です。先日、久々の福岡出張だった翌日、佐賀県の唐津まで足を延ばしてみました。地元企業の「まいづる」という食品スーパーにふらりと立ち寄ったら、これがまた面白かった。まず、鶏肉の棚で扱う部位が実に多い。精肉から内臓まで、もう焼き鳥屋さんになれるんじゃないかと思えるほどの充実ぶり。九州の人はきっと、鶏肉を豊かに使いこなしているのでしょう。港のある唐津だけに、鮮魚も目を引く。アジだけで複数のパックがあって料理欲をかき立てられます。

さらに…最もうなったのは、練り物のコーナーなんです＝写真。魚のすり身加工品が、これでもかというほどひしめき合っていました。なかでも興味をそそられたのは「魚《ぎょ》ロッケ」と名付けられた揚げかまぼこ。パン粉をまぶしたフライ風で、その名の通り、まんまるです。値段は100円台の前半。

あとで地元の人に聞いたら「どの家の冷蔵庫にも、まず常備されている」らしい。唐津では昭和初期から根付く食だとも聞きました。ああ確かに、おやつにもおかずにも酒の肴《さかな》にもなる感じですから、これは重宝しそう。やっぱりスーパーには地域の宝がありますね。

スタッフの地元愛に好感

漫画家の藤子不二雄(A)さんが4月に逝去されました。幼い頃から作品群に親しんでいた私が先日向かったのは、「トキワ荘マンガミュージアム」でした＝写真。

トキワ荘は、かつて何人もの漫画家が集い、作品づくりに励み、そして人気漫画家となって巣立っていったアパートです。建物は1982年に解体されましたが、その後、往時の姿を再現しようとの機運が生まれます。地元の東京都豊島区が動き、豊島区立という形で一昨年の夏、区内の公園の一角にトキワ荘を〝復活〟させました。その内部はかなり凝った展示内容です。それぞれの部屋の床に生原稿が散らばっているなど、当時の若手漫画家の息遣いが伝わってきます。

かつての様子をこの目で見られることはもちろんですが、私がよりうなったのは「人」でした。迎えてくれるスタッフの誰もが親切です。漫画愛といいますか地元愛が、その笑顔や言葉ににじんでいました。こうした記念館はやはり「建物をつくればいい」というものではないのですね。魂を吹き込むのはスタッフの力ですから。

この「トキワ荘マンガミュージアム」、オープンする10年ほど前から地域住民の声を募るなどして準備を重ねてきたそうです。また、総事業費の4割強は、ふるさと納税を活用した寄付金によるもの。ここでも、応援する「人」の熱意が後押ししています。

ミュージアムを後にした私は、すぐそばにある「松葉」ののれんをくぐりました。トキワ荘で暮らす漫画家たちが足しげく訪れたラーメン店です。壁には多くの漫画家たちの色紙が並んでいて、ミュージアムの続きを見ているような気分です。そのノスタルジックな味わいも、立ち働くおかみさんたちの雰囲気も、実によかったですね。

未来のお客さんのために

皆さんは大型連休をどうお過ごしになりましたか。私はずっと出張でした。郷里・富山県の祭りを取材し続ける仕事。コロナ禍のために3年ぶりの開催となったところが多かったからか、どの祭りにも力がこもっていました。

改めて実感しましたが、祭りというのは「人」なんですね。伝統を守り抜く人、未来につなぐ人、そして訪れる客をもてなす人…。で、ここから本題です。出張に向かう飛行機＝写真＝で、とても印象的なアナウンスを耳にしました。上空を巡航中、機長がマイクで突然語りかけたんです。誰に？　旅を楽しみにしていただろう子どもたちに向けてでした。

「飛行機に乗ってくれたお友達」という呼びかけに始まり、「青い飛行機に乗ってくれてありがとうございます」と続きました。搭乗機はANAだったのですが、確かに「青い飛行機」と色で伝えたほうが記憶に残りますね。さらに機長はこう話しました。「この飛行機は、北陸新幹線のかがやき号の2倍の速さで飛んでいます」

これは実にうまい、と感嘆しました。羽田―富山便は現在、新幹線に押されて苦戦中です。減便も余儀なくされたほど。そうした状況下で、まさに未来につながる搭乗客へ、飛行機の持ち味を平易に、しかも強烈な表現で訴えた。

宿泊施設や運輸関連など、観光に関わる業界はまだまだ苦しい状況ですが、ここでも「人の力」こそが大事になるはずです。立派な設備なども魅力になるでしょうが、最大の武器はやはり「人」。こうなると、北陸新幹線の車掌さんにもさらに頑張ってほしい、と私は思いました。ANAの機長に対抗して、ここは「北陸新幹線は、富山に飛ぶ飛行機の5倍以上の人を一度に運べるんですよ」というのはどうでしょうか。

素の感想が何より響く

買い物でひときわ心躍るのは、どんな場面か。たとえば、その商品を欲しいとは別に思ってもいなかったのに、思わず買ってしまった瞬間。私などはそうです。

偶然見かけて惹《ひ》かれてしまうというケースもありますね。また、お店のスタッフが強くすすめてくれ、その言葉に深く共感して購入を決めることも少なくありません。

先日、四国に出張した帰りの話です。高松空港で家族に日本酒でも買おうかと、ショップの棚をのぞき込んでいたら、男性スタッフが「お酒をお探しですか」と声をかけてくれました。「これはどうでしょう」と指さしたのは、地元・香川県のレモン農家「ロロロッサ」が作っている「リモンチェッロ」＝写真＝でした。蒸留酒にレモンを漬け込んだリキュール。

私が「リモンチェッロって、確か四国の他県の会社もつくっていませんでしたっけ」と尋ねたら、「ええ。でも、こんなことを言うのは店員である私の立場ではいけないのかもしれませんが、これのほうがおいしいと思います」。その恐縮気味な表情も言葉も「ああ、このスタッフを信じよう」と感じさせるに十分でした。200㎖で2100円と高かったけれど、ためらわずに買いましたよ。さらにスタッフは「ジンジャーエールで割るのも私は好きですね」とも。

飲んでみてどうだったか。レモンの風味がとても濃厚で、実に上質でした。でも正直、実際の味が結果的にどうこうより、スタッフが素の感想を伝えてくれたこと自体に、買う価値を覚えたんです。

で、思うわけです。163ページで、宿泊施設も運輸業界も「人の力」がカギとつづりましたが、こうした小売店もまた「人」だなあ、と…。「スタッフのあなたに決断を委ねます」と思えるような相手がいれば、買い物は輝きます。

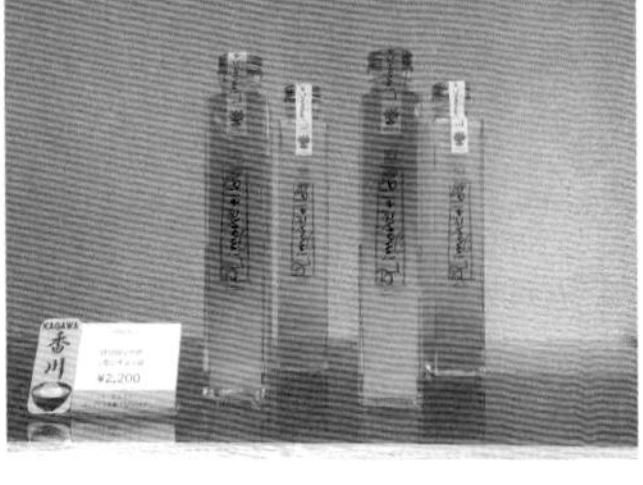

2022/8/25

#とうもろこしの天ぷら　居酒屋ちろり

ひと夏の食べ比べ

ごくシンプルに見えるひと皿でも、つくる料理人さんによって味わいが全く異なることがありますね。

私はこの夏、とうもろこしの天ぷらを食べ続けました。住んでいる東京都内はもちろん、出張で訪れた東北、北陸、関西、四国、九州で、居酒屋などののれんをくぐるたびに注文していたんです。勝手に「とうもろこしの天ぷら選手権」と名付けて楽しみました。

思いのほか違いがありました。地域差というより、料理人さんごとの考え方が異なるからでしょう。この「選手権」にエントリーされた天ぷらは、大きく2つに分かれました。まず、粒々をほぐしてかき揚げに仕上げたもの。もうひとつは、とうもろこしを桂むきにして衣をつけて揚げたもの。どちらが上位だったか。いやもう、それぞれにおいしい(ある地方の一軒だけは、衣の中までちゃんと火が通っておらず、ここは「予選敗退」としましたけれど)。

これまた勝手に選考した結果、決勝に残ったのは、都内の人気そば店で繰り出された、さっくりとしたかき揚げ。そして、郷里・富山県の居酒屋が出してくれた、桂むきにしたものにごくごく薄い衣をまとった天ぷら=写真=でした。

特に後者が強く印象に残りました。とうもろこしの甘みがべらぼうで…。お店の人に尋ねたら、こんな答えが返ってきました。「糖度が低いとうもろこしは、なぜか粒がバラバラになってしまう。糖度が高いと、こうしてまとまります」。ゆでたのをラップで巻いて冷ました後、桂むきにするそう。手間がかかるんですね。この店、「居酒屋ちろり」といいます。地元の食通が足しげく通う一軒。

とうもろこしの旬が終わったら、今度は「鶏ナンコツのから揚げ選手権」でもやってみようかなあ。

ホテルの評価材料

気が付けば、このコラムの連載が5年目に入りました。時に厳しいご意見も頂戴しました。それも含め、読者の皆さんが支えてくださったおかげです。心がけているのは「モノめぐり」というタイトル通り、「ちゃんとめぐる」こと。現地に足を運ぶ、商品を自分のお金で買う、といった点を大切にしています。

　同じ領域の製品やサービスを重ねて経験すると、見えてくるものがあります。たとえば、おすし屋さんに関してちまたでよくいわれるのは「コハダや玉子を注文すると、そのお店の考えや技術を察することができる」。これに私の実感を付け加えるなら、巻物もそうだと思います。6切れ(具材によっては4切れ)の高さがきれいにそろっていると、すし職人さんの気持ちも腕前も理解しやすい。

　話を変えましょう。2年ほど前、「ホテルのサービスの良し悪しは朝食終了15分前の対応に表れる」という話をしました(155ページ)。ホテルと客の都合がぶつかる場面(ホテル側にすれば早く昼の準備に入りたい)で、ホテル側が客に一歩寄り添い、きちんと接客してくれるかが、そこで問われるためです。もうひとつ、出張でホテル宿泊を続けていて、わかったことがありました。ハードウエアの質を端的に判断できそうな要素があるんですね。それは、客室に用意された靴べら＝写真。木製、革張りと、いい靴べらのあるホテルは、客室の設備全体も、清潔感も良好な傾向にある。靴べらって、ホテルを最後に発つ場面でも使います。そこにまで心遣いのあるホテルは、ほかの部分にも気が配られているという話なのでしょう。

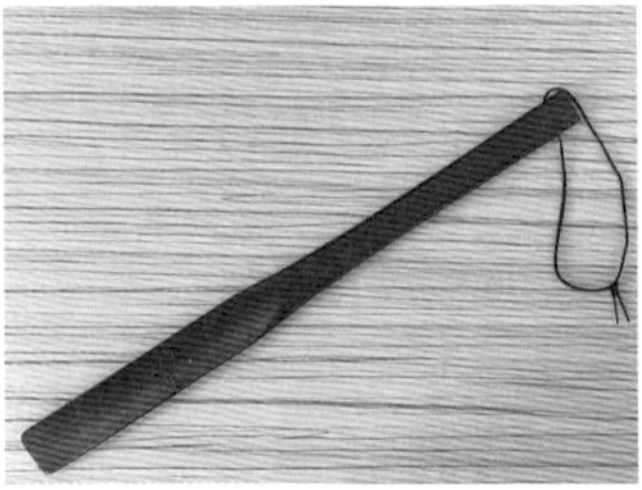

　皆さんが今度ホテルに泊まる際、ぜひ靴べらに注目してみてください。1泊数千円という低廉なビジネスホテルでも、意外にいい靴べらに出合える時があります。

濃密で特別な40分間

大学教授として担当するゼミで、一人の学生が「紋別タッチ」の秀逸な動画を制作しました(ユーチューブで「紋別タッチ　北村ゼミ」と検索して視聴できます)。

「紋別タッチ」は、羽田発の北海道・紋別便に1時間45分乗り、折り返し便ですぐさま帰京する行動を指します。普通運賃だと往復9万円強かかるのに、紋別にいられるのはわずか40分間。なんだかもったいない話ですよね。

ところが、昨年あたりから話題を呼び、100回以上も体験した搭乗客までいます。航空会社のポイントを稼ぐためです。最上級のメンバーになると、ラウンジ利用などの特典が豊富だから。

ポイント稼ぎなら、もっと遠距離路線(沖縄便など)を狙う手が有効なのですが、「紋別タッチ」が盛り上がっているのには理由があります。それは紋別ならではの事情です。この空港に離着陸するのは羽田便だけで、それも1日に1往復限り。でも、この便は地域の病院で従事する医師を東京から運んでくれる大事な航空機だそう。まさに生命線の路線であり、廃止だけは避けたい。地元のそんな切実な思いが航空マニアの元に届き、マニアはそれに応えた。

先日、私もタッチしてきました。ああ、これは楽しい。紋別に着いてタラップを降りると、ターミナルビルの送迎デッキから地元の人が手を振って出迎えてくれ、空港内のカウンターでは記念のステッカーやスタンプシートが手渡されます。お土産を急いで買い、手荷物検査場の直前にある熊の剥製と記念撮影。そして航空機に戻る場面では、空港スタッフが「いってらっしゃいませ、紋別タッチのお客様」と書かれたボードを掲げて見送ってくれました=写真。

紋別の人たちの熱意を感じ続けた、実に濃密な40分間でしたよ。

「続ける」大切さを再確認

１６７ページで「紋別タッチ」のことをつづりました。東京の羽田から北海道の紋別まで搭乗。わずか40分の滞在で、羽田にとんぼ返りする航空マニアが急増という話でした。航空会社からの特典を多く得られる搭乗ポイントを稼ぐためです。でも、なぜわざわざ紋別か。地元に医師を運ぶこの便は、紋別の人にとって生命線であり、廃止は避けたい。そんな切実な思いにマニアが呼応した、という経緯も伝えました。

私、先日再び紋別に行ってきました。今度は「紋別タッチ」ではなくて、しっかり１泊して地元の人に話を聞くためでした。「紋別タッチ」が異例の人気で昨年度の搭乗率を前期比で６・７ポイントも押し上げる要因になったのには、もうひとつ理由があります。それは紋別空港での温かな歓待。特に空港デッキからの出迎えと見送りはとてもうれしかった。でも、少し考えると不思議ですよね。誰がデッキに立っているのか。

デッキで歓迎ボードを掲げ、大きく手を振るのは、地元にあるホテルの常務でした＝写真。完全なボランティアだそう。で、聞いてびっくりです。「その日に『紋別タッチ』でやって来るお客さんがいるかどうかは、部外者の私にはわかりません。だからこそ毎日、空港に来ているんです」。去年の夏からずっと、雨の日も雪の日もこうして出迎えているそう。でも、空振りの日も多いのでは？　「いえ、１年３カ月ほど続けていて『紋別タッチ』のお客さんが全くいなかったのは、４日だけです」

そこまでの「紋別タッチ」人気なのかと改めて驚くと同時に、続けることの大切さを、私は学びました。地域おこしで問われるのはまさにここなんです。続けられるかどうか。シンプルだけど難しい、極めて重要な部分でしょう。

第6章

4人の会社が「世界」を獲った

~答えは足元にこそある

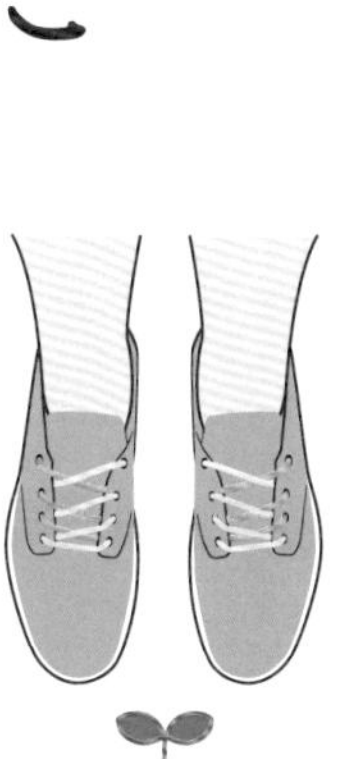

ここまで各章のはじめにそれぞれ、「地域からヒットを飛ばすには何が必要か」をつづってきました。まず、「『当たり前』と多くの人が思い込んでいることを疑う」と同時に、「違和感を少しでも抱いたなら、それを放っておかない」ことです（第1章）。

次に「『物語をつくり、それをみずから伝えることこそがヒットへの近道』という指摘を信じ込まない」とお書きしました（第2章）。商品や地域をアピールするにはストーリーが大事とはよくいわれますけれど、そうしたストーリーを当事者が喧伝《けんでん》してしまっては、消費者はしらけるからです。ストーリーを構築して発信するのは、あくまで消費者の役割と踏まえるのが重要です。

そして「差別化など、そもそも最初から狙うものではない」と踏まえましょう（第3章）。各地の商品づくりや地域ブランディングで行き詰まっている事例を私は数多く見てきましたが、そうしたケースの大半では、よそとの差別化をハナから意識し過ぎているために議論が袋小路に入り込んでいました。実はこの一冊で私が最も強調したかったのは、まさにここです。差別化狙いがマーケティングの大正解だという話は疑いようのないものと多くの人が考えているようですが、商品づくりや地域ブランディングの現場へ実際に身を置くと、それは間違った思い込みではないかとすら感じます。

さらに「譲れない一線がどこにあるかを見定める」作業が求められる、とも私はお伝えしました(第4章)。譲れるところと譲れないところの峻別《しゅんべつ》をあらかじめしておくことで、のちのち迷いや混乱が生じるのを防げるからです。また、「譲れない一線」をしっかりと踏まえる覚悟がそこにあれば、その覚悟は必ず消費者に理解されますし、それが消費者の共感につながって、それぞれの商品や地域をヒットに導けます。

こうしたところを重視していくと、その商品にしても地域にしても、強さを帯びてきます。その強さとは今申し上げた消費者の共感を引き寄せます。では、強さとは何なのか。当事者がことさらアピールに腐心しなくてもおのずと細部からにじみ出る魅力や心くばりであると、私は考えています(第5章)。

ここからは本書の締めくくりの章です。商品づくりや地域ブランディングの現場で何をどのように捉え、作業を進めていくのがよいのか、この手順そのものにきちんと触れておきましょう。

①原点は足元にこそある

商品開発で困っているさなかにある事業者にとっても、何を訴求すればいいのか決めあぐねている地域にとっても、「本当に何にもない」という状況はまれで、足元を見つめ直せば何かしらそこにヒントの種は存在します。見逃したままにしているだけ、と表現してもいいでしょう。

178ページの「ゆ・わ・い」は伝統的な伊予水引を生かした、とても洒脱なボトルサックです。ワインを入れても日本酒を収めても、さまになります。結納需要が少なくなって、業界の将来を案じた有高扇山堂という地場の企業が、このボトルサックを開発しようと決意しました。つくるのはかなり大変な作業を要するようです。それでも未来のために、と製作に向けて動きを止めませんでした。「ゆ・わ・い」の発売後、この商品が話題を呼んだだけでなく、水引関連の仕事も国内外から舞い込んでくるという思わぬ効果もあったと聞いています。時代の変化とともに存在感が薄れていったように感じられる水引にも、ちゃんとニーズはあった。それを掘り起こす契機となったのが「ゆ・わ・い」でした。

②ゴールを最初に決める

では、足元にある素材や知見を生かそうと動くうえで、次に何をなすべきか。「ゴールを最初に決めてしまうこと」であると、私は確信しています。

なんだ、そんなこと当然じゃないかと思われるかもしれません。でも、ここで言いたいのは「そこにたどり着けるかどうかの可能性はひとまず考えずに、まず到達したいゴールを明確に言い表す」ということの大切さです。この一冊のまえがきで、岐阜県の三星刃物が開発した「和《なごみ》チーズナイフ」について紹介しました。これは「どんなに硬いチーズでも柔らかいチーズでも、この1本でたやすくきれいに切れる」という、大胆なうたい文句の商品です。で、試しに購入して使ってみたら、それは本当でした。

三星刃物に聞いたら、こんなチーズナイフはそれまで存在していなかったそうです。でも、同社はそこを目指した。どうしてか。チーズを扱うプロはチーズの硬さに合わせて何本ものナイフを使い分けていて、いかにも大変そうでしたし、チーズ好きの一般消費者にすれば、わざわざ複数のナイフを買うのは現実的ではありません。だったら、実際に成就できるかどうかは全くわからないけれども、1本で用が足りるチーズナイフづくりに挑もう、と同社は覚悟を決めたといいます。そして悪戦苦闘のすえ、ゴールにたどり着くことができました。最初にはっきりとしたゴールを設定していなかったら途中で諦めていたかもしれませんし、そもそも開発しようという気にもならなかったと思います。

繰り返し言います。「できるかできないか、全く見当がつかないけれど、目指すゴールはここだ」と宣言できるかどうか、ここが肝心です。人があっと振り向く商品や地域では、ほぼこうしたゴール設定が真っ先になされていると表現してもよいでしょう。

③旗を掲げて共有する

それでも人は迷いを抱くものです。本当にゴールにたどり着けるのか、今やっていることは無駄になるのではないか、というふうに。ここで、日本を代表する超大手企業でそっと聞いてきた話をしましょう。世界中にライバルがひしめき、次世代の覇権を握るために商品開発を競っている分野の、そのど真ん中にいるメーカーで教わったことです。

次世代商品づくりを目指す戦略部門のトップに就いた幹部社員が、すぐさま着手したのは何だったか。その人物に会った時に尋ねたら「1本の短い動画を完成させました」。えっ？　急いでやらないといけない仕事はほかにもいっぱいあるのでは？　どうして動画を制作するのを優先したのか、その答えは、とても納得できるものでした。

「業界の未来を変えるようなプロジェクトを進める部署ですが、今の時点では、なにせ形が全く見えないわけです。だから、『こんな未来を目指すためにこの部署はあるんですよ』とすべての関係者が認識をひとつにできるような『旗』がどうしても必要だと判断しました」

そこに携わる関係者の間で意識がずれないように、そしてゴールがかすんで見えなくなるのを防ぐために、迷ったらたやすく確認することのできる「旗」を用意して掲げる作業は、本当に大事という話です。

これは何も、超大手企業の巨大プロジェクトに限ったことでは決してありません。むしろ各地の中小事業者や地域ブランディングの場でこそ、忘れてはならない作業ではないでしょうか。迷いが生じることが多々あると想像できるからです。で、別に立派な動画をつくるのが必須と言っているわけではない。簡単な言葉ひとつでも全く構いません。

199ページの「ＩＤ　ｏｎｅ」が好事例です。2022年の冬季オリンピックにおいて、フリースタイルのモーグルでメダルを獲得した男女6人の選手は一人残らず全員が「ＩＤ　ｏｎｅ」というスキー板を履いていました。金銀銅の表彰台を総なめにしたのです。しかも、メダリストだけではなくて同年のオリンピックでモーグル競技に出場した選手の8割が「ＩＤ　ｏｎｅ」を使っていたというから驚きました。

この「ＩＤ　ｏｎｅ」を開発し、販売までを担っているのは、海外の老舗有力メーカーではありません。大阪市にあるマテリアルスポーツという従業員わずか4人の会社です。しかも、スキー板の開発に着手したのは2000年に入ってからのことですから、零細かつ後発もいいところです。

同社の社長は、モーグルのトップ選手たちの調子が悪いことを察知し、モーグルのスキー板に原因があるのではないかと仮説を立てました。ほかのスキー競技と比べて市場が小さいので、大手どころはスキー板の新規開発にさほど力を入れていないという背景があることにも気付きました。それまではゴーグルやグローブの輸入販売を手がけてきた同社ですが、「ならば、自分が開発してみせよう」と覚悟を決めました。

国内の名門スキー工場の職人と一緒に奮闘を重ねた結果、わずか1年でスキー板は完成したといいます。普通は2～3年はかかるらしいのですが、なぜわずかな期間で仕上げられたのか。

同社に聞くと、どうやら「旗」が極めて明快だったからのようです。それは「モーグルの板は、バランスのよい接地こそが命。だからそこを目指す」という、言葉にすればごく簡単なものです。でも、こうしてシンプルな旗を掲げた(しかも、既存メーカーはそれを強くは意識していなかったようです)からこそ、同社のメンバーにもスキー工場の職人にも迷いが出なかった。そして完成したスキー板は、無名ブランドのものにもかかわらず、たちまち世界を席巻していったのでした。

念のために申しますと、マテリアルスポーツはハナから差別化を狙っていたわけではなかった、と私は分析しています。既存のスキー板との性能差を生むことに拘泥したのではなくて、モーグルのスキー板とはそもそもこうあるべきだという自身なりの「旗」を掲げたところが大きかった。その違いを見過ごすことはできないと思います。開発の立ち位置、目的設定が最初から異なりますから。

④少しずつの無理をする

とりわけ地域ブランディングの現場では、ややもすると誰か特定の関係者にしわ寄せがいくケースがみられます。でも、それでは事業は長く続きはしません。だったら、誰にも無理のない範囲でやれそうなことを進めればいいのか。いいや、そんな事業に消費者は振り向いてはくれないでしょう。

その事業に関わる全員が少しずつの無理をする。これが正解であると考えます。私自身が参画した事例でいうと、北陸・富山県の南砺市と南砺市観光協会による「まるごと酒旅」がそうでした。地元の宿、店、酒蔵、行政機関などがまさにちょっとずつの無理を引き受けたプロジェクトです。そのきっかけは198ページにつづっています。

まず、活用したのは、すでに地元に存在する宿であり、飲食店であり、酒蔵です。ここ南砺にはビールや日本酒、ワインから、ウイスキーまで6つの蔵が根付いています。だったらその存在を生かすほかありません。2泊3日で、朝から夜までとことん地元の酒を楽しんでもらい、2日目の移動はすべて高級ミニバンのタクシーで、という、通年で販売するプランをつくりました。

では、どんなゴールを設定し、どんな旗を掲げたのか。「コロナ禍に見舞われた地方にとって、真の危機は、人々の移動や消費に制約がなくなるコロナ後にこそ訪れる」と意識共有を図りました。なぜか。コロナ禍が一段落すれば、国内だけでなく海外を含めた有名どころの観光地に大半の人は目を向けるでしょう。しかもその時には政府や自治体による観光支援策はもう終わっているはずです。かといって地方の小規模な宿や店には、その場面で値引きや割引競争に加わる体力はありません。ならば、今のうちにそれぞれの実力をブラッシュアップして、人に振り向いてもらえる魅力を団体戦で磨かないといけないと考え、実行したのでした。

⑤ 2度目こそが大事になる

商品づくりや地域ブランディングが一度成功したら手を止めてしまうこともよくありますけれど、2度目こそが大事と踏まえましょう。続けてこそ、消費者に伝わるのです。192、200、201ページで取り上げた東京・八丈島のレモンをめぐる話からは、まさにそこが学べるところです。

小さなことの積み重ねが、ほかとの違いとなり、大きく化けて、すごいモノを生み出しています。

本書をお手に取ってくださったあなたの地域にもぜひこの先、モノめぐりの旅に訪れたいと思います。各地にある宝物を磨き上げた逸材に出合えることを、期待しています。

真っ向勝負で道を切り開く

「そんなのできるはずがない」というところに斬り込んだ商品は、やはり輝きます。今回は、従来の商慣習を破った話を2つ。

静岡県掛川市に「福田織物」という町工場があります。以前は問屋の指示通りに生地を織り、わずかな織り賃が収入でした。それが、みずから生地を商品企画し、販路を開拓する方向にかじを切ったのです。ところが国内では、どこも相手にしてくれません。だから、欧州に何度も通いました。彼らが携えた生地は、当時、世界のどの生産地も不可能だった超極細の糸で織ったオリジナル。今では欧州の名だたるブランドと取引があります。

札幌に目を転じましょう。「ファットリアビオ北海道」は「日本のイタリア料理界を助ける」一心で立ち上げたチーズ工房。輸入チーズが高騰し、料理店が困窮した際、ならば輸入品をしのぐチーズをつくろうと出発しました。イタリアから実力派チーズマスターを招くまではよかったのですが…。

牛乳をどう仕入れるか。これが問題でした。既存の乳業メーカー以外の者には原料乳を一切売らないという慣習が、酪農界に根付いていたようなんです。周囲からは「無理に仕入れようとしたら、この街で仕事できなくなるぞ」と忠告までされたそうです。

どうしたか。同社は真っ向勝負を挑みました。寝技、裏技は使わずに、協同組合の門を真正面からたたいたのです。そしたら…。なんのことはない。すんなりと卸してもらえたそうです。慣習はうわさにすぎませんでした。

福田織物やファットリアビオの商品は、私たち一般消費者も両社のサイトから購入できます。「無理」を超えて実現したすごみさえ感じさせます。

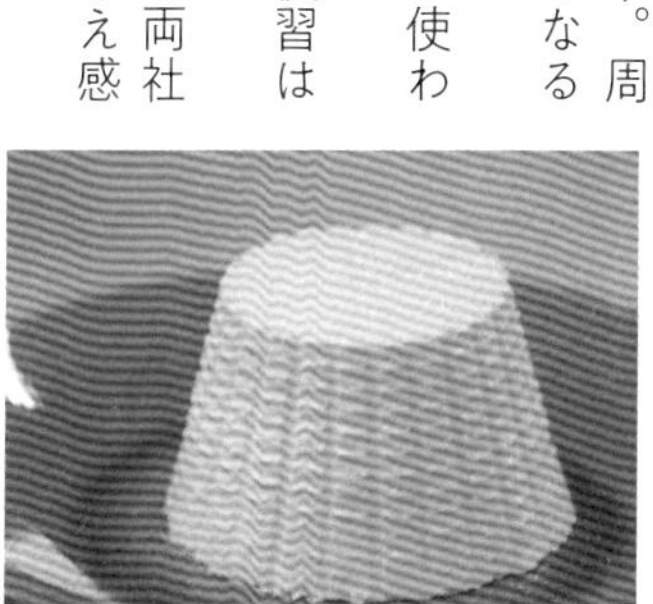

道のりも商品の要素

全国の名産を皆さんはどうやって入手しますか。ネット通販で取り寄せられますし、大都市圏には各地域のアンテナショップもあります。そんな時代ですが、今でも、現地に行かなければ買えない商品が意外にも存在します。

青森県弘前市に1915年創業という「亀屋革具店」があります。かつては馬具をつくっていましたが、現在はカバン製造が主軸。サイトもなく、購入したければ弘前まで訪ねるしかないのです。しかも、製造は手作業でビジネスバッグ＝写真＝は月に7点ほど。昨年、店に行った時は1年3カ月待ちと言われました。

それでも注文しました。後を継いだ若い親方の笑顔がすてきで、「ああ、この店は何ももったいぶった商売はしていないな」と思ったからです。少量生産なのは、彼が丁寧な仕事に徹するからだと。

完全オーダーのビジネスバッグは「次の代にまで引き継げますよ」とのこと。つまり私でいえば、息子が大人になったら、カバンを息子に託せるということです。ちなみに値段は8万円ほど。安くはありません。でも、覚悟していたより安いと感じました。

もうひとつ事例を。沖縄県に「大城廣四郎織物工房」があります。琉球絣《かすり》の名職人の名を冠した工房です。それはそれは美しいかりゆしウエア(シャツ)を買えます。値段は5万円ほどですが、1反の絣から2着しかつくれないなら仕方ありません。着心地は良いし、風合いも見るからに格別。これも現地でしか購入できません。

共通するのは、その地の空気を感じながら選ぶ商品があってもいいと考える「実力派の買い手」がついていること。手に入れるまでの道のりすら、商品を形づくるひとつの要素になるのです。

2018/12/6

＃安物じゃない人工樹脂製品　　箔コースター

素材生かす商品をつくる

皆さん、人工樹脂製の商品は、高級品だと思いますか、あるいはそれとも…。「天然木や金属に比べれば安物では？」と思いがちですよね。実際、値段も手ごろです。

ところが、樹脂製なのに立派な値段の商品がある。アクリル製のコースター、グラスの下に敷くあれです。値段は1枚864円。高い。埼玉県の「益基樹脂」が手がける自社ブランド品「ｔｏｕｍｅｉ（透明）」というシリーズの「箔《はく》コースター」＝写真＝です。

手に取ると、意外や値段相応以上の質感です。渋い金色をしたアルミの箔が和の模様を織りなし、アクリルの表面にはつや消し加工が施されている。透ける感じが絶妙で、ちょっとした贈り物にも良さそう。ちなみに当初目標の5倍の売れゆきだとか。

「アクリルって、実は高級素材なんですよ」と言うのは、同社担当者。そうかもしれない。安物と思い込んでいたのは、アクリルの持ち味を生かさず、低価格志向の商品が出回っていたからかも。

山形県にも樹脂加工を専門とする「ＩＢＵＫＩ」というメーカーがあります。自動車の内装部品や、家電製品の外装パネルをつくっていますが、実物を見るとびっくりしますよ。樹脂でここまで微細で上質な処理ができるのか、と。

ある大手家電メーカーの人気商品に採用された外装パネルを確かめましたが、アルミ製のパネルを明らかに超える渋さがあると、うなってしまいました。

何を言いたいか。企業も消費者も、素材の持つ特性や可能性を忘れている場合があるのでは、という話です。そのせいで、ただの低価格競争に陥ってしまうのは惜しい。これらのように、私たちを、あっと驚かせてほしいものです。

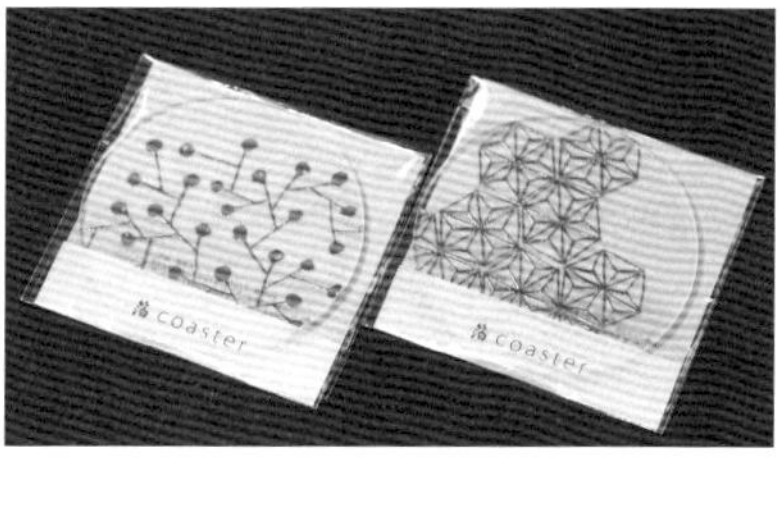

「水引」「紙布」を今風に

伝統工芸など古くから地場に伝わる技術をどう生かすか。これ、かなり難しいですよね。最近ではスマートフォンのケースをつくる企業も多いですが、私個人の意見を言えば、伝統工芸を、無理に現代風に仕立てたようなものも少なくなく、どうもピンとこない。

今の暮らしに自然となじみつつも、伝統技法を使う必然性がそこにしっかりと存在しなければならない。私はそう思うのです。

で、今回の話は２つ。どちらもボトルサックです。ワインや日本酒の瓶を収めて持ち運びに便利で、贈り物に好適というモノです。

まずは愛媛県の「有高扇山堂」による「ゆ・わ・い」＝写真(左)。値段は３７８０円です。ご祝儀袋などに掛ける水引でつくられたボトルサックなのですが、ワインボトルを収めると、ボトル全体に水引を大胆に巻きつけたような姿形になります。要所要所に「あわじ結び」という装飾が施されていて、これがまた見栄えがいい。

次に東京の「Ｓｉｆｕあだちや」が大手セレクトショップの「ＢＥＡＭＳ　ＪＡＰＡＮ」、そして美濃和紙の老舗である「松久永助紙店」とつくった「ワイン＆日本酒バッグ」＝同(右)。３５６４円です。こちらは細長く、ボトルがすっぽりと収まります。

携わっている企業名から想像がつく方もいるかもしれませんが、素材は「紙布《しふ》」。和紙の糸を編み込んだ伝統工芸品です。紙でも思いのほか丈夫で、水洗いしても平気です。それどころか、使い込むうちに風合いが味わいを増していくというものです。

これらのボトルサックはともに、それこそ水引なり紙布なりをごくごく自然なかたちで活用しています。そこが肝要なんです。

2019/2/7

#恩師の言葉　　T五、かつおせんべい

いい商品に息づく文化

178ページのコラムを見て、私の大学時代の恩師が連絡をくれました。その回では、愛媛県の水引を使った「ゆ・わ・い」と、美濃和紙を素材にした「ワイン&日本酒バッグ」を紹介しました。ともに、伝統工芸の技術を自然な形で生かしたから売れた、と。恩師はありがたいもの。鋭い指摘をしてくれたんです。

いわく、「古くから育まれているモノには、伝統文化と素材が統合されている。人にはそれを感じる『リテラシー(解釈し、読み取る力)』があり、そのリテラシーの文法を外しては、さらにいい商品は決して生まれない」。それが恩師の分析でした。

さすがは恩師。「リテラシーの文法を外す」とはつまり、人が理解しえない無理な商品づくりに走ること。本来ある伝統文化や存在の持ち味がどこにあるのか不明確なものではダメ、ということです。

恩師とのやりとりから、思い出した商品が2つあります。まず「T五」(五郎丸屋)=写真。富山県で江戸時代から続く干菓子の老舗が、「21世紀にも干菓子が受け入れられるとすれば」と考え、抹茶以外にも合う干菓子をつくり上げた。干菓子の技法はそのままに、色や香り、形を変えました。値段は756円からです。

もうひとつは「かつおせんべい」(中原水産)で、648円から。鹿児島県・枕崎の水産会社が、町に息づくカツオ加工の文化を伝えたいと開発したせんべい。枕崎の実力を知ってもらうために、地元産の枯れ節と荒節の両方を相当に練り込んだ。

共通するのは、そこにある財産(干菓子の技法や、カツオ加工の文化)を用い、開発に挑んだ意味がすんなり理解できる、そうした点です。

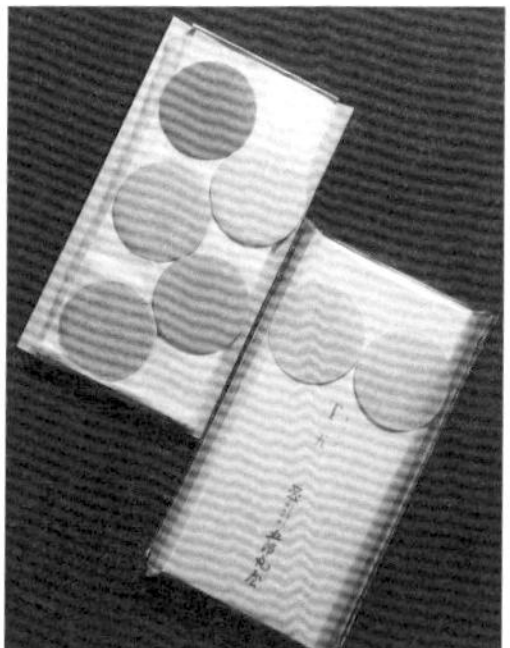

新規開拓の好機到来

市場が伸び悩んでいる商品分野があります。でも、人や時代のせいにしていては何も動きません。ひとつの事例を挙げましょう。

それは盆栽＝写真＝です。国内市場は近年厳しく、一大産地である高松市の関係者も頭を悩ませたそうです。そこでどうしたか。輸出に活路を見いだしたのです。

欧州では、子どもや若者も盆栽を「美しい」と感じるようで、需要は底堅い。それを目の当たりにした生産者たちは、２０１０年代に欧州へ売り込みを始めました。

最初は大変でした。検疫を通すため品種や栽培法も制限され、山のような書類が必要です。それでも頑張った。全員ではないにせよ、１００軒近くある高松の生産者のうち、十数軒が粘り強く輸出に挑んだ。すると「輸出が販売比率の四割を占めるまでになった」というところも出てきました。

もうひとつ、事例をお伝えします。同じ四国の話です。モノとは生食用のミカンです。昔ほどの数字は出せない状況でした。流れに身を任せるしか…、いや、それでは未来は開けない。少なからぬ業者は加工品に活路を見いだそうとしました。

なかでもドライフルーツで独自性をアピールする地場企業が増え、「おっ！」と思わせる商品も登場しています。特に私が注目するのは松山市の「ＴＥＮ」です。

ここの直営店のドライフルーツが面白いんです。同種のミカンを「皮付きのスライス」「皮なしのスライス」「皮をむいて房ごとに分けたもの」と3種類にしています。香りも味も食感も、驚くほどに違うのが楽しい。今や季節によっては品切れになる人気です。値段は２７０円から。

どうですか。右肩下がりの市場でも、やれることがあるでしょう。

現地へ行く意義がある

176ページで、青森県の革具店と沖縄県のかりゆし工房のことをつづっていました。買うには現地に行くのが必須、それがまたいいという話でした。今回はハワイ・オアフ島の2つのモノに触れましょう。

まず焼酎です。なぜ焼酎？ 同島のノースショアの中心地ハレイワは、ホノルルからレンタカーで小1時間の地。ここに日本人夫婦が営む、小さな焼酎蔵があります。

「ハワイアン焼酎カンパニー」の屋号で、焼酎の名は「波花」＝写真。2013年以来、春と秋、年に6000本だけ出荷しています。

焼酎は毎回、すぐに売り切れに。購入予約はメールで可能ですが、買う際にはオアフ島に飛び、さらにハレイワの蔵まで足を運ぶ必要があります。まさに「そこに行かねば」の世界です。

私は、今春の購入予約に出遅れました。次は秋です。ご夫婦から丁寧なメールをいただき、購入予約をした人を対象に蔵見学も受け付けているとも聞きました。

先日、ハワイに出張した折、「波花」を置いている飲食店で口にしたら…うまい！ ひたすら優しく、ふんわりと膨らむよう。日本に持ち帰らず、この島に身を置きつつ飲むのがいいとすら思いました。そこに行く価値を重ねて感じた1杯です。

もうひとつはアロハです。ワイキキビーチから20分ほど歩いた場所に「コナベイハワイ」があります。同店のアロハは日本から通販などでも入手できますが、ここを訪ねると品ぞろえが豊かですし、何よりスタッフと会話を交わす時間が格別。「オーナーは日本人で『納得できる品質のアロハをつくりたい』と立ち上げた」とか「この柄は名作映画で俳優が着ていたのと同じですよ」とか。これも、行く意義ありです。

＃地域にあるものを生かす

伝統産業で「世界初」

地域を元気にするには、今、そこにあるものを生かす意識が大事、と何度かつづってきました。取ってつけた急ごしらえの地域振興策は根付かない。地域おこしの大きなヒントは、まさに足元にこそあるというのが私の考えです。

たとえば近年人気のサバ。青森県の八戸は一大産地です。ビタミン類も含む「粗脂肪率」の高い、とびきりのサバが取れます。

でも十数年前までは地元で見向きもされなかったと聞きます。ある大学教員がこの地に赴任し、なぜ八戸のサバはおいしいのか、と成分分析をしたり、商工団体に働きかけたりした。まさに足元の宝物に注目したのですね。それが脚光を浴びる契機となりました。

もうひとつ。今年、ある分野で「世界初」が登場しました。それは、ウイスキーをつくるために不可欠な蒸留器の話です。

ウイスキー蒸留器といえば、薄い銅板を曲げて製造するのが普通ですが、富山県の老舗・若鶴酒造の三郎丸蒸留所が地元の職人と手を携え、世界初の「鋳物製蒸留器」＝写真＝を完成させました。

鋳物はまず型をつくり、そこに合金を流し込んで完成させます。鋳物ならば分厚くつくれるので、蒸留器の耐久性が飛躍的に高まりますし、量産も可能。ちなみに従来の蒸留器に比べても、ウイスキーの味はいいそうです。

なぜわざわざ鋳物で？　三郎丸蒸留所に尋ねると、「隣町の高岡には『高岡銅器』という伝統産業が根付いています。その技術を生かさない手はないと思った」。

構想から2年での完成と聞きました。2年は長いか短いか。私はよくわずか2年で…と感じました。それがかなったのは、まさに足元にあった職人技のおかげでしょう。

2019/9/12

＃魅力ある地域の食探し　　インデアン

地元で人気なら“鉄板”

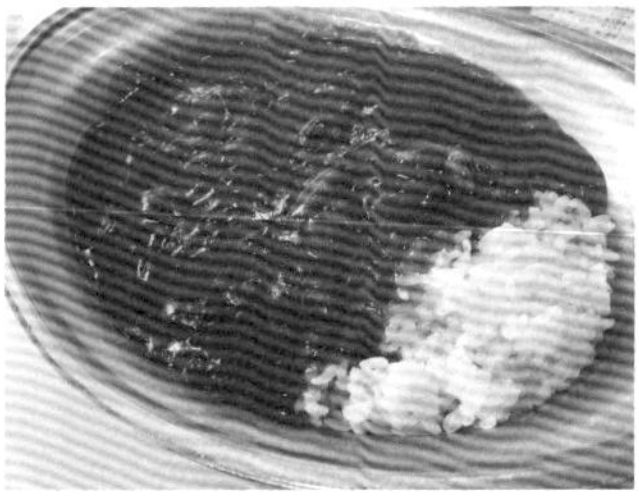

地方の食が広く注目されるために必要なのは、以前もつづったように、まず地元の人を振り向かせるのが鉄則、と私は思います。その地で愛されていないものに、都市の人が飛びつくはずもありません。それはブランド米でも魚や果実、伝統料理でも同じでしょう。

ここで、いや待てよとも思うわけです。そうであれば、地方に根ざしている〝ごく普通の庶民の味〟に思わぬ実力派があるかも…。

この夏も私、さまざまな地方に足を運びました。晩夏のある夜、北海道・帯広で地元財界の人と飲んでいたら、聞かれました。「インデアンにまだ行ってないの？」

「インデアン」は帯広市民なら皆が知るカレーショップだといいます。帯広に来たら魚介、野菜、豚丼などを楽しみたいと思っており、インデアンは未体験でした。

翌日に訪れました。ああ、これはよかった。午前11時の開店と同時に席がどんどん埋まっていく。すべてが地元の人のよう。「カツカレーのあとのせ」なんて不思議な注文も。カツのサクサクを味わうために、ルーの上にカツをのせてほしい、という意味です。

基本のカレー＝写真＝は４５３円と破格の安さ。しかも量はたっぷりで、うまい。辛さも甘さも実に練れている立派なルーでした。帯広の人には、生活に溶け込んでいるんだと知れたのがうれしかった。

ほかの地方でも、こうしたモノがありますよね。同じ北海道の函館なら、ハンバーガーの「ラッキーピエロ」。私の郷里では、ＪＲ富山駅にある「立山そば」かもしれない。本当になんの変哲もない駅そば屋なのに、無性に食べたくなる時がある。一見地味な日常食も注視しようと、改めて思いました。

実力をうまく伝えよう

前回、地元で当たり前のように愛される食の魅力をつづりました。さらに踏み込んでみましょう。地元の人すらも「過去のもの」と思っている食品があるものです。そういった存在にこそ、実は価値があるかもしれません。

先日、鹿児島出張の折に、奄美大島料理の店にふらりと入ったのですが、若い店主から「ミキ」のことを教わりました。島で古くから飲まれてきたといいます。

コメとサツマイモ、砂糖を使った乳酸菌飲料で、ちょっと酸味のきいた甘酒のよう。もともとは「神酒」から来ている呼び名とも。島内では1ℓ300円ほどで販売されてもいます＝写真。

島出身の店主は言います。「奄美の若い人はあまり飲みませんね。おばあちゃんの飲み物、というイメージが今や根付いている」

飲ませてもらうと、思いのほか洗練されている味と感じました。「そうなんですよ」と店主。「スーパーフードでもありますしね」。朝食のグラノーラにかけたり、チーズケーキにかけたりしてもいけるそう。店主は「ミキの実力を今後、なんとか伝えていきたい」

四国でも、こうした古くからある食の再発掘に挑む人に会いました。高知の四万十川流域で今、かんきつである「ぶしゅかん」に光をあてる取り組みが盛んです。まろやかな味わい、優しい香りが特徴ですが、地域産品としての存在感を放つには至っていなかった。現在、地元関係者が協力し、生産から加工まで一気通貫に手がけようという動きが進み、瓶入りドリンクの人気が出始めました。

ちゃんと各地にあるんですよ。実力を秘めた食材や食品が…。後はそれをどう伝えるか、そこにかかっているだけの話ですね。

2019/10/3

＃２冊の本から学んだこと

わざわざの働きかた、菜の花の沖縄日記

「地域に根ざす意識」共通

今回は本をテーマにすること、お許しください。夏に手にした2冊がとても面白かったのです。

1冊目は『わざわざの働きかた』=写真(右)。長野県の東御市、高原の一角にたたずむ、小さなパン屋さんが自費出版した本です。「わざわざ」というのが店名。文字どおり、わざわざ行こうと思わないとたどり着かないような場所にありますが、ここ、人気の高いお店です。カンパーニュがすさまじくおいしいのと、ほかに扱う食品や日用品を見るのも楽しい。

この本を手に取ると、店の経営姿勢がよく伝わってきます。ある年に、つくるパンをあえて2種類に減らしたという一節にひかれました。それによってたくさんの可能性が広がったそうです。ものをつくり、店を営むとはどういうことか、この一冊は、いい学びになりました。店のサイトからも購入できます。

2冊目は『菜の花の沖縄日記』=同(左)。ヘウレーカ刊。著者の坂本菜の花さんは石川県で生まれ育ち、中学卒業後の15歳で、沖縄の無認可学校「珊瑚《さんご》舎スコーレ」に進学。そこで過ごした日々をつづっています。購入後に知ったのですが、北陸中日新聞での連載エッセーをまとめたのですね。

みずみずしくも繊細な筆致で貫かれている本です。菜の花さんは沖縄に太陽のイメージを抱いていたけれど、「最近、沖縄は月だなぁと思うのです」といったふうに…。そして、沖縄での生活を通して「考えの違う人ともっと関わりたいと思えるようになった」と言います。菜の花さんは今、郷里に戻り、実家の「湯宿さか本」を手伝っているそう。以前、このコラムでも紹介した能登の名宿です。

この2冊に共通するのは「地域に根ざす意識」かもしれません。ふたりの著者の真摯《しんし》な言葉が、読後もずっと心に残っています。

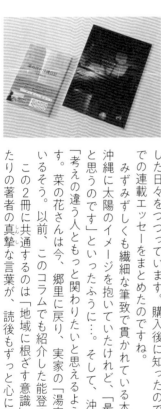

宮崎のマンゴージュース、北海道の牛乳

#まず地元の人が
売り込む前に親しむ

地域産品を、まず誰が手にするべきか。これは以前もつづりましたね。「ほかならぬ地元の人」と私は思っています。そこに暮らす自分たちが買わないものを、よその人が気に入るはずもない。

私自身、郷里の富山に帰るたび、ほぼ必ず、名産の「ます寿し」を買って帰るようにしています。

以前、関東のある街から講演に招かれました。テーマは「地元名産の織物をどう売り込むか」。それで最初に参加者に尋ねてみたんです。「この織物を持っていますか」と。手を挙げた人はほとんどいなかった。とても残念でした。

私、月に5回は全国からそうした講演に呼んでもらっていますが、なんの偶然か、ちょっとうれしくなる場面に続けて遭遇したんです。どちらも、ほんのささいなことかもしれませんが、実はかなり大事な話とも感じられました。

九州・宮崎での講演。ステージに立つ直前に会場を見渡したら、１００人近い席のすべてにマンゴージュースが配られていました。宮崎といえばマンゴーですね。まさに地元の人がごく自然とそれを口にしていました。思わず、「私にも1杯ください」と頼みました。

翌週、今度は北海道での講演でした。ＪＡグループのイベントでしたが、こちらでは２００人を優に超える参加者の席に、牛乳が並べられていました＝写真。講演の中で「北海道産の商品を売るには、まさにこういうところからですよね」と話すと、主催者は「配ってよかった」と笑顔でした。

何も難しい話ではない。誰よりもまず、自分たちが地元の商品を折に触れて大事にする。そうした意識なくして、大都市圏でイベントを催すだけでは、地域産品の展開はおぼつかないと思います。

気合伝わる駅弁を賞味

ＪＲ常磐線が３月14日に全線再開となりました。それに伴い、東京都内から仙台までの在来線直通特急である「ひたち」が、この日に復活しています。東北新幹線で行くより３時間も余計にかかる４時間半の長旅ですが、私、復活初日に乗りました。

今回再開となった区間は、福島県の富岡―浪江の約21㎞。時間にすると20分弱です。この区間を走る時、何か感動的な車内放送でもあるかなと思ったら、なかった。あっけないほど、淡々とひたちは進んでいきました。

それがかえって感慨深く思えました。常磐線の全線再開って、あくまで復興への新たな一歩なんですね。すべてがこれで解決したわけではない。帰還困難区域は駅周辺の住宅地に残っていますし、今後の列車運行が安全であり続けるための確認も当然必要です。淡々と再開区間を走る車内で、そんなことを考えていました。

線路がつながることは単なるインフラ整備の話にとどまりません。大学時代の恩師は社会学が専門ですが、彼はこう話していました。「線路がつながると、気持ちもつながる」。気持ちがつながれば情報もつながる。だから今回の再開は大事なのだと感じました。

仙台で１泊し、翌朝は普通列車を乗り継いで、まず、いわき駅まで戻りました。この駅でのお目当ては駅弁です。正規販売が10年ほど途絶えていましたが、２０１５年に復活。特急列車への乗り継ぎ時間に「浜街道　潮目の駅弁」＝写真＝を買いました。１２００円。うに飯、カジキメンチ、メヒカリの甘露煮…。気合の伝わる駅弁でした。ああ、これはビールを誘う。車内販売で思わず購入しました。

これからも折を見て乗車したい常磐線です。

旅先で格別のひととき

人が再び動き始めたこんな時期だからこそ、旅の大切さを、私自身改めてかみ締めています。

作家の故・城山三郎氏の名著に「無所属の時間で生きる」があります。ほかの何にも属さない〝無所属の時間〟を持つことが大事、と城山氏は説いています。仕事人でも家族でも友人でもない、独りの時間の過ごし方が大事という話。

こうした〝無所属の時間〟を送るには、やはり旅が好適ですね。このところ、私はいくつもの旅を重ねました。先週末は、日帰りで千葉の銚子への電車旅。のんびりと走る銚子電鉄に乗り、名物のぬれ煎餅を地ビールで楽しんで…。良い骨休めとなりましたね。

また先日は、愛知県の奥三河にある湯谷温泉を訪れました。目的は取材だったのですけれど、仕事の合間、ふと〝無所属の時間〟をこしらえてみました。

宿の数わずか7軒という小さな温泉地ですが、その中心にこぢんまりとしたカフェがあります＝写真。閉館した宿を改装して3年前に開いたカフェで美しい川を見下ろす位置。

ここのメニューが興味深いものでした。近所から分けてもらったというユズを仕込んだドリンク、隣村から仕入れたとち餅、キノコ狩りしてつくったスープ。木の芽のシャーベットなどなど。この地にある足元の宝物を惜しげもなく出している。

聞くと、このカフェ、湯谷温泉で宿を営む若主人が開設したそうです。自分の宿の客だけではなくて、湯谷温泉を訪れるすべての人に、宿の中とはまた違う雰囲気や土地に根づく味を楽しんでもらいたい、と考えたといいます。

ここでのひとときは、出張が旅に変わる瞬間でしたし、また何より、〝無所属の時間〟を過ごすのに格別のものでしたね。

2020/11/5

#20年前の革靴再生

愛着　新品よりも一層

このコラムではいつも、購入したばかりの商品の話をつづっていますが、今回は違います。20年以上前に買った革靴についてです。

30代前半の頃に手に入れたスペインの「YANKO(ヤンコ)」というブランドの一足です。当時の値段は確か3万円台だったと思います。妻に結婚を申し込む日も、京都の芸妓《げいぎ》さんに取材依頼へ赴く日も履いていっただけに、思い出が染み込んだ靴だったのですが、いつしかボロボロになり、ずいぶんと靴箱にしまいっ放しでした。

そんな話を、郷里・富山県の老舗靴屋のご主人に何げなく語ったら「じゃあ、持ってきなさいよ。再生してあげましょう」となった。

ご主人は2週間かけて洗いをかけ、仕上げに入りました。クリームを幾重にも塗り、隠しがたい傷はワックスでつやを出すことで目立たなくして…。

そうして生き返った靴=写真=は、私には新品以上に味わいを感じるものとなりました。長年眠っていた靴に新たな命を吹き込んでもらったような気持ちです。ご主人からのお願いがひとつ。「絶対に履いてくださいね」。もったいないからと使うのをちゅうちょしないで、ということ。

先日、仕事先に履いていったら、この靴に注目したのは20代の若い人たちでした。「靴とのこういう付き合い方、格好いいですよ」と。新しいのを買うばかりがすべてではないと、20代も感じているのかと思うと、ちょっとうれしい。そういえば先日、高島屋が都内の店舗で靴磨きサービスを始めた、というニュースを目にしました。百貨店もそうした需要の掘り起こしを意識し始めたのでしょうね。

今回つづった「YANKO」の再生、ユーチューブに動画投稿しています。よかったら「靴を再生する親父」で検索してみてください。

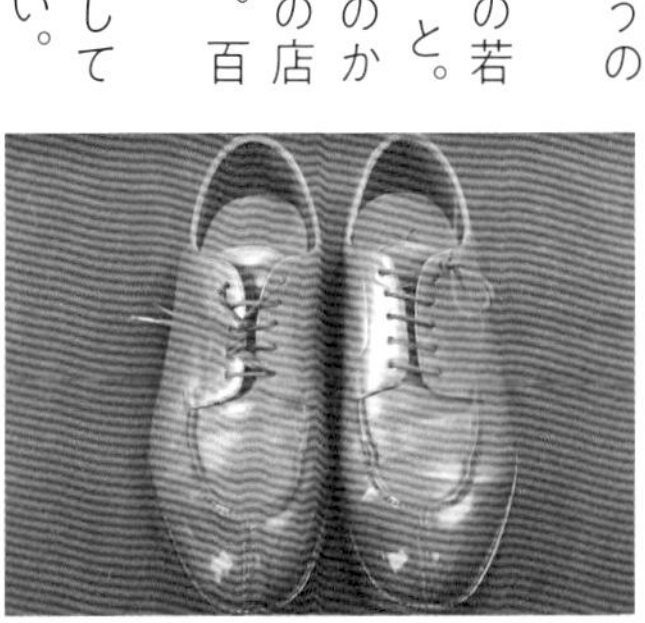

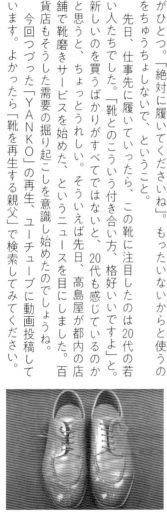

独りの時間を彩る絶品

188ページ、「無所属の時間」の話をつづりました。何にも属さない、独りきりのひとときも大事と…。

それには旅が好適とお伝えしましたけれど、さらに手っ取り早い方法もあるわけです。いい飲食店を訪ねるのは、その一手ですね。

私は東京都内在住ですが、「無所属」になりたい日に訪れる店が、近場にいくつかあります。たとえば赤羽の「まるます家」。居酒屋の名店として知られている一軒です。にぎわいのなかに身を投じながら、店のお姉さんたちの小気味よい動きを眺めるのが好きです。あるいは豊洲市場の「高はし」。ここは前にこのコラムで紹介しました。とびきりの魚料理が味わえる食堂です。旬の魚介を伝えるご主人の語りも素晴らしい。

でも…。もっともっと身近なところにも「無所属の時間」を彩ってくれる一軒があることを、先日改めて感じました。ビジネス街の新橋で仕事を終えた後、駅前の古いビル地下にある、間口の小さな居酒屋にふらりと入りました。いや、これまでもこの店は何度か訪れているのですが、その日は品ぞろえがもう抜群でした。「本日のオススメ」と手書きされた献立の筆頭にあったのは、自家製という和栗の渋皮煮です。1粒が390円。タラの白子すり流しという手間のかかる一品もあって、これは490円＝写真。すり流しとは、和のポタージュのようなものです。

どちらも技の凝った料理ですが、こうしてさらりと用意しているのが、実に心憎い。何げなくのれんをくぐった、こう言ってはなんですが、ごく普通の佇《たたず》まいをした居酒屋で、日本酒を誘う品々に期せずしてあえたのがうれしかった。店の名は「三芳八《みよしや》」といいます。新橋駅前ビル1号館の地下1階。ゆるりとした独りの時間を思い切り堪能できました。

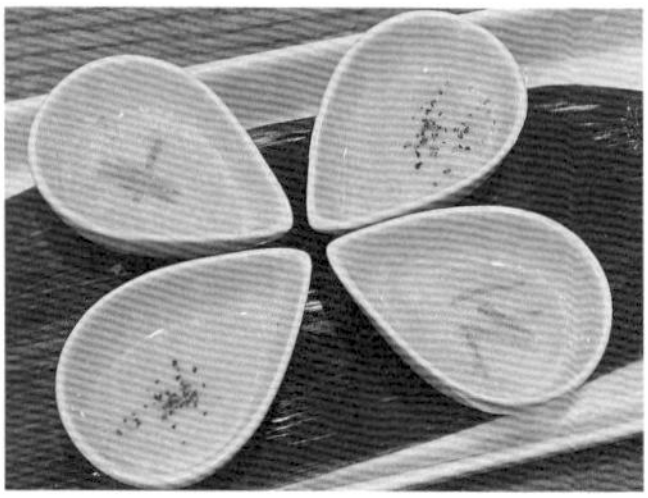

2020/12/3

＃旬の食材　　下仁田ネギ

美味の知恵　産地にあり

私は複数の地域ブランドづくりに携わっています。食の分野の場合、重視するのは「地元でどんな食べ方をされているか」です。調べると、思わぬ調理法だったりするのが面白いし、それがまたすさまじくおいしかったりします。それを伝えるのが大事だと思います。

夏の北海道で、地元料理人からトウモロコシを出された時、「ひげの部分もぜひ食べて」と促されました。捨てる部分と思いきや、食感も味わいも楽しい。

で、今回の話。先日、群馬県出身の仕事仲間と話していた折、そろそろ下仁田ネギの季節だね、と盛り上がりました。下仁田ネギはかなり太い品種で、初冬に旬を迎えます。熱を加えると、どこまでも甘く、とろりとした舌触りがたまりません。

この仕事仲間は、すき焼きが最高といいます。それは理解できる。下仁田ネギは鍋物にして、濃いだしをたっぷり含ませるとすごみが増すので。

ただ、ちょっとしたやり方があるらしい。まず、すき焼き鍋で下仁田ネギだけを焼く＝写真。それだけをちょっと食べるのだそう。普通、最初は肉ですよね。でも違う。次にようやく肉も加えて、割り下を注ぐ。さらにはそのほかの具材を…。

もうひとつ大事なのは、牛肉より豚肉の方が下仁田ネギの甘みには相性がいい、というのですね。これ、お肉代を節約するという意味では決してないそう。

自宅で実際にやってみました。ああ、これは納得です。焼き目を入れた下仁田ネギには香ばしさも加わり、酒を誘います。そして豚肉の脂と割り下を吸うと、さらにとびきりのごちそうになった。

地元の人が親しんでいる食べ方には、やっぱり正解が隠されている。改めて勉強させられました。

ほとばしる地元愛

地域産品は「地元の人が振り向いてこそ」という話のお手本を、伊豆諸島の八丈島に見ました。

まずは焼酎です。この島には4つの焼酎蔵があって、味を競っています。焼酎をシェリー樽《たる》で寝かせた一本もあり、消滅した蔵の焼酎を現存の蔵が果敢に復刻した一本もあり、といった具合に驚くほど多彩なんです。で、地元の人が島の焼酎のことをものすごく語るんです。「この焼酎はこうやって飲むといい」というふうに…。

次はチーズ。島の牛乳でこしらえたモッツァレラがまた見事な味わいです。少量生産なのですが、島内の飲食店が頑張って仕入れている。島きっての人気を誇る「梁山泊《りょうざんぱく》」ではトマトと合わせたひと皿を提供していますし、地元の人も足しげく通う「魚八亭」ではあぶったモッツァレラに海苔《のり》をあしらって出しています。

3つめ。島のレモン＝写真＝です。目を見張るほどの存在感で、手のひらに余るような大きさが特徴。力感あふれる姿形ですが、酸味は穏やかで皮はさほど苦くない。果汁を搾るというより、皮や果肉ごと食べるのにふさわしい。島の人は「サラダに入れたら、もうドレッシングがいらないよ」とまで言います。

4月11日、島内で「八丈レモンフェス」が催されました。今回が初めての試み。レモンをかき揚げやギョーザにするなど、意外な料理が振る舞われていました。キッチンを手伝うのは地元高校生たちです。そして、会場を訪れたほとんどの人が地元民でした。

企画・運営したのは、島にIターンした男性です。「島のレモンには思わぬ使い方があると、島内の人に知ってもらいたかった」と話します。そこがいい。ほかならぬ地元の人が地元産品をより深く理解するための催しだったのです。

2021/5/13

#ウイスキーの町

ハイランダーイン秩父

奮闘、地域の宝に成長

状況が許すようになったら再訪したいという気持ちを込めて今回はつづります。埼玉県の秩父という古い街の話です。

　この秩父に2004年、ベンチャーウイスキーという蒸留所が生まれた話は、このコラムでずいぶん前にお伝えしました（52ページ）。当時、ウイスキーは逆風の時代。市場が縮小の一途をたどるなかで新しい蒸留所を立ち上げるなんて無謀に過ぎると思われていました。それでも創業者は夢を追い、踏ん張った。同社が世に出した「イチローズモルト」は国内外で高く評価され、その人気沸騰に歩調を合わせるように、国内ウイスキー市場も大復活を遂げました。そして同社は「日本のウイスキー業界再興の立役者」とまで称される存在になりました。秩父近辺をめぐると、今では品薄続きの「イチローズモルト」を味わえる所が数々あるんです。たとえば「ハイランダーイン秩父」＝写真。築100年の古民家を改修したブリティッシュパブで、カウンター席で過ごす時間は格別です。ハギスなどスコットランド由来の料理も充実しているのがまたいい。

　少し足を延ばして上《かみ》長《なが》瀞《とろ》まで行くと、「阿左美冷蔵」があります。おいしいかき氷で知られるこの店には「イチローズモルト」と名付けられたメニューが…。かき氷でウイスキー？　蜜と一緒に氷に垂らしても面白いし、天然氷を入れたロックグラスも添えてくれるので、それで飲んでも構わない。さらに、西武秩父駅隣接の商業施設にある「SETARIA（セタリア）」では「イチローズモルト」のフレーバーを利かせたジェラートが購入できます。秩父からの帰路に口にすれば、旅の締めくくりに格好。

　逆境下で立ち上げた蒸留所が、地元でここまで引き立てられているのには、とても感慨を覚えます。

2021/6/10

八甲田丸、摩周丸

＃2隻の青函連絡船

往時の記憶たどる展示

コロナ禍が収まったら、また訪れたい場所を今回つづりますね。津軽海峡を挟んだ両岸に、それぞれ青函連絡船が今も係留・保存され、内部を見学できます。青森側に「八甲田丸」、函館側には「摩周丸」=写真=があり、どちらもJR駅から徒歩で行けます。

1988年に青函トンネルが供用開始されて、青函連絡船は廃止となりましたけれど、こうして往時の記憶をたどれる2つの連絡船が姿を保っているわけです。

青森と函館、両者の船内の展示内容はかなり異なる印象です。内容の多様性では、青森側の「八甲田丸」でしょうか。船内の階下まで行けて、現物の鉄道車両が搭載された状態の車両甲板を見ることができます。格納された列車のすぐ脇まで近寄れるなど、これはかなり圧巻です。また、「青函ワールド」と名付けられた展示物も興味深い。1950年代の青森の様子を伝えるもので、等身大の人形を用いた朝市の風景などが再現されています。

だったら、青森の側で連絡船を見学すれば十分か。いや、函館側の「摩周丸」も訪れた方がいいと私は思います。車両甲板までは行けないなど展示物のエンターテインメント性は青森側に譲りますが、こちらでも操舵《そうだ》室に入ることはできます。

私が「摩周丸」の船内で最も時間をかけたのは、3階のサロンでした。あまり目立ちませんが、何冊分もの新聞スクラップがファイリングされています。1954年の「洞爺丸」沈没事故をめぐる新聞記事が、たぶん当時の新聞現物でしょうか、原寸大で約1年分を超えて残されています。見学者はそれらをじっくりと読めます。

悲しい事故の記録を刻む資料を閲覧可能とした判断を、私は評価したいんです。

2021/7/1

＃次の「モサエビ」を探せ

うまい、安い、活気呼ぶ

その土地に行ってこそ口にできる食がありますね。いや、なにも高級食材の話だけではないんです。たとえば、鳥取県の「モサエビ」＝写真＝です。私、10年以上前に初めて食べました。確か、冬の時期でした。目当ては松葉ガニだったのですが、訪れたお店のおかみさんから「甲殻類がお好きなら」とすすめられて試したら、その澄み渡った甘さにただ驚くばかりでした。もう松葉ガニを後回しにして、モサエビばかり口に運びましたね。刺し身、焼き物、みそ汁と…。

このモサエビ、値段はやけに安くて見た目も良くない（商品価値がさほどでない）。しかも足が早い（鮮度がすぐ落ちる）。だから「東京はもとより大阪にも出荷されることはまずないんですよ」と、地元のタクシー運転手さんが教えてくれたことも覚えています。

その後も鳥取に出張するたび、モサエビを求めるようになりました。で、最近の話です。この地の漁業関係者によると、ここ2、3年でモサエビに光が当たり始めたのだそうです。鳥取の街なかにあった魚屋さんでは「幻のエビ　甘エビを上回る甘さ　伊勢エビの様な繊細な身」と大書きされたポスターを見かけました。もともと旬は秋から春だそうですが、船上冷凍の技術を導入したからでしょうか、漁期以外でも味わえるようになりました。鳥取の話題店「すなば珈琲《コーヒー》」では、モサエビのホットサンドやカレーをこの時期でもちゃんと用意しています。

いい話ですよね。よそにはさほど流通しない安価な食材が、存在を認められるのは。北陸・富山県の「ゲンゲ」、北海道・函館の「ゴッコ」もそうでしょうね。どちらも手頃な深海魚だけど、抜群にうまい。食で地域を元気にするなら、こうした「モサエビ的なもの」を改めて発掘するのが一手かも。

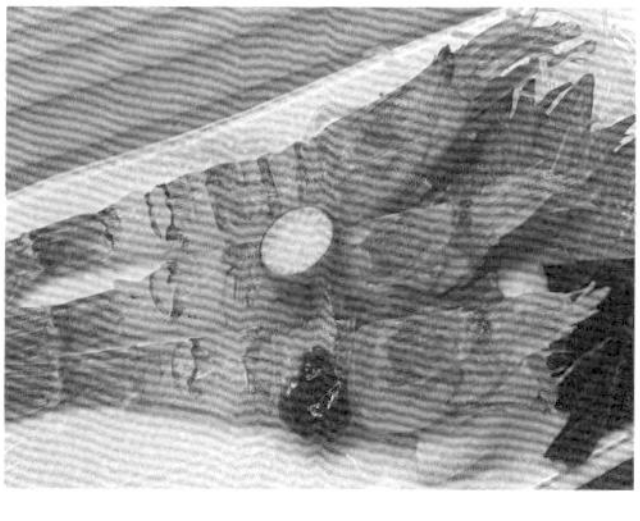

味も雰囲気も守り続ける

「食堂」という呼び名の飲食店、それだけで少し惹《ひ》かれます。安くておいしいというイメージがそこにあるからかもしれませんね。

北海道・釧路の港には「釧《せん》ちゃん食堂」があります。地元の水産加工会社が5年前に開業した一軒。ここは刺し身がべらぼうなレベルです。秋口のサンマは奥底から艶《なま》めかしさすら感じさせました。

愛知県・豊田にあるのは「ありらん食堂」。メニュー表のようなものはなく、当たり前のように出てくるのはホルモン鍋です。赤くて辛そうなスープですが、これが後を引く味わいです。

どちらの店も、観光客というより地元客が支えている印象。食堂とはそういうものなのでしょう。

私の郷里・富山県にも、忘れがたい食堂がある。山に向かうローカル線に揺られて田園地帯を抜けた先にある福光という町で、1923年から続いている店です。あと少しで創業100年。建物は前田藩の米蔵を改装したものらしい。そして外壁のペンキも屋号の看板も、ずっと塗り替えしていない。今はかなり色褪《あ》せていますが、創業期にはきっと鮮やかな山吹色だったのだろうと想像させます。食堂の名は「春乃色食堂」=写真=といいます。

なぜ塗り替えないのかというと、なじみのお客が来やすいように、この雰囲気を変えてはいけないと考えてきたからと聞きます。何代もの地元客が、この食堂の姿を見守ってきたのでしょうね。

先日、本当に久しぶりに訪ねてみました。黄金色に澄んだスープの中華そばは健在で、値段は530円。そして、おでんがいつもある。カウンターにしつらえられたおでん鍋を覗《のぞ》き込んで、あれこれと注文するのもやはり楽しい。

変わっていなかったのは、建物だけでなく味も、でした。

地域が守る　名店レシピ

それがどんな味か伝えづらいものってありますよね。たとえば甲殻類のカメノテ。あるいは鹿のあばら肉の脂身もそうかもしれません。そうした希少な食材や部位に限った話でもなくて、地元民に親しまれているひと皿にも、味の説明に難儀するものがあります。

松山市の繁華街に「かめそば　じゅん」という店があります。その名が示すように、看板メニューは「かめそば」＝写真。値段は700円です。この「かめそば」がどんな味なのか、店のおかみさん自身も「言葉で伝えるのが難しいんです」と苦笑いするほどです。

ここは頑張って説明を試みたいと思います。ジャンルとしては焼きそばなのですが、ソース味でも塩味でもない。おそらく醤油《しょうゆ》ベースなのでしょうが、ツンとくる香りがなくて、どこまでも穏やかな風味です。そばの上には、ちりめんじゃこと、たっぷりの削り節。かつおではなく、あじ節なのだそう。「だから優しい味なんですよ」とおかみさんは言います。

で、麺がまた面白い。やけに短く、食感がもふもふとしています。軽く揚げた麺にだしを染み込ませたような感じ。すするんじゃなくて、噛《か》み締めるようにしながら食べ進める焼きそばです。

もともとは、ある松山の名店が戦後から出していたメニューだったそう。その店が惜しまれながら閉店。現在の店のご主人が何年間も頼み込んで、レシピを教わったらしい。そして十数年後に「かめそば」は復活。店内で食べていると、地元客がどんどん訪れるだけでなく、ひっきりなしに電話が鳴っていました。4人前、6人前と、持ち帰りの注文が入るんです。

全国に名をとどろかせる料理でなくとも、地元で愛される味には、やはり得がたい魅力があります。

#コロナ収束後の危機

真価が問われる瞬間

コロナ禍が各業界に及ぼす悪影響は、一体いつごろが最大なのか。ある地方の観光協会の専務理事が語った言葉が、とても印象に残っています。「全国各地の宿や飲食店にとって、真の危機は去年でも今年でもない」。いや、この2年間こそ大変だったのでは、と私などは思いますが、そうではないという。ならば、いつ？

「この先、コロナ禍が収束した時にこそ、地方の観光業界は真の危機、最大の危機に見舞われる」と専務理事は言います。どういうことか。人々が今よりさらに自由に動けるようになれば、人気の観光地にどうしても目が向きますし、海外に出かける消費者も増えます。しかも「政府や自治体による割引施策は当然なくなる。つまり、宿や飲食店の料金は上がったように感じられるはず」。そのことでますます、地方の観光業界はそっぽを向かれる恐れがある、というのですね。だからこそ、今この段階から、「3年先」「5年先」を意識して、地域の本当の魅力を掘り起こす作業を必死で始めないと、もう間に合わない、と専務理事は力説していました。

私は先日、富山県の黒部宇奈月温泉駅でのイベントでトークセッションに登壇しました。テーマは「北陸の酒と肴《さかな》」。北陸新幹線＝写真＝が2024年春に福井県まで延伸するのを見越して、富山と福井の両県の酒や食を集めた物産イベントが催されたのでした。

コロナ禍で起きた現象のひとつは、「地方が大都市圏にアピールする」だけではなく「近隣の地方と地方が結びつく」だったのではないか、と私は感じています。人の流れも、商品の流れも。新幹線が延伸すれば、まさにその動きは加速する。その意味でも地方同士の連携は大事です。それはきっと「3年先」のためになります。

「５％の違い」に力注ぐ

北京冬季五輪が閉幕しました。この大会で、ある製品が話題を集めていましたね。フリースタイルスキー・モーグルで表彰台に上がった男女の選手全員が、同じブランドのスキー板を使っていました。従業員わずか４人、大阪府のマテリアルスポーツが開発した「ＩＤ　ｏｎｅ（アイディーワン）」＝写真＝です。同社はもともとゴーグルなどを販売しており、スキー板を発売したのは２０００年。日本の小さな会社というだけでなく新興勢力でもある。

大阪に行って取材してきました。開発のきっかけは、親交のあった上村愛子選手（当時）のために、スキー板をつくろうと決断したこと。コンセプトを「ぴたりとバランスよく雪面に着き、ねじれのないスキー板」と決め、その頃は当たり前だったポリウレタン製ではなく、国産の天然木を用いることとし、名門の国内製造工場と手を取り合って細部を詰めたそうです。驚くほどしなるエッジを採用しているのも、同社だけらしい。

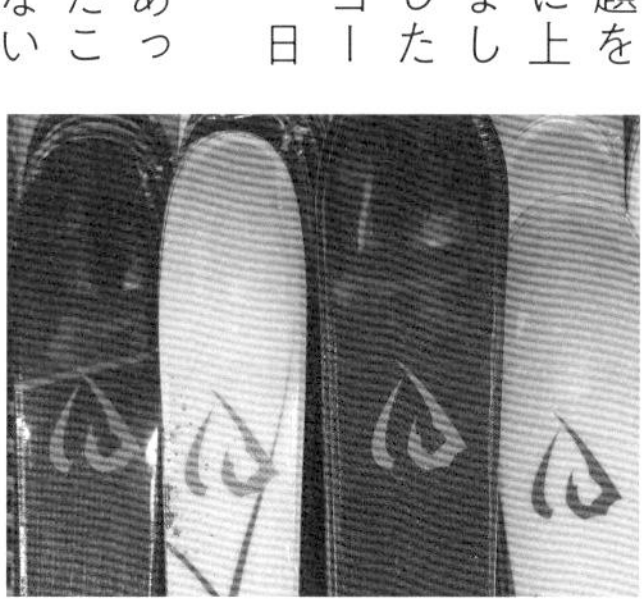

それにしても、短期間でよくここまでの地位を築きましたね。社長は言います。「海外のあるコーチに尋ねたら、私たちのスキー板と、ほかのスキー板の違いは、体感的に表現すると『５％ほど』だそう。もっと大差があるかと思ったら、そうではなかった」。でも、この５％が大事なのですね。そのわずかな差の創出に、お金と時間と情熱をかけられるか。

思い出したのは、私の雑誌編集者時代の話です。商品テストを続ける雑誌に携わっていたのですが、家電もクルマも、メーカー間でほとんど差はない。しかし、ほんの微細な差こそが、使用感や満足度に決定的な違いをもたらしていた。「５％の違い」をないがしろにしなかったから、「ＩＤ　ｏｎｅ」は表彰台を独占できたのでしょう。

肝心なのは「2度目」

先日、東京・八丈島の知人から連絡が入りました。「『八丈レモンフェス』を今年もやります」と。昨年、このコラムでつづったイベントの話です(192ページ)。八丈島のレモンは目を見張るほど大きい。酸味は穏やかで皮はさほど苦くない。だから丸ごと食べられます。島外の人にはあまり知られていない産品ですが、実力は十二分。もっと盛り上がっていい。

この「八丈レモンフェス」は昨年が第1回の開催であり、島内の住民に向けたものでした。島のレモンの価値をみずから再認識しようという狙いがそこにあった。で、今年はコロナ禍を逆手にとって、オンライン配信を中心に据え、島外の人にもアピールしようと考えたそう。2月開催予定だったのを3月下旬からにずらしてでも決行しようと動いています＝写真。

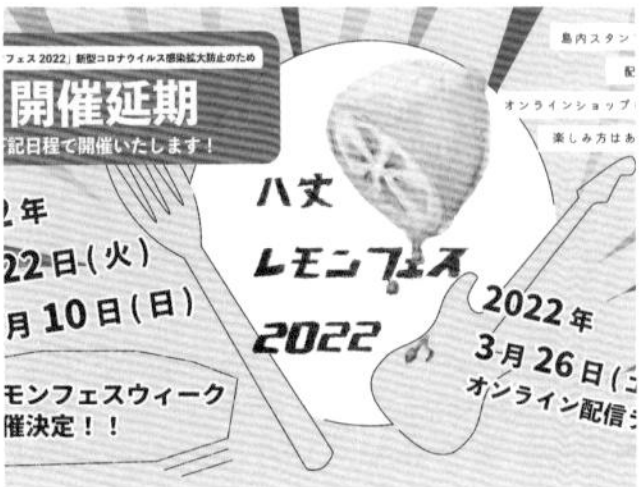

これはとても価値ある取り組みだと私は感じました。これまでたくさんの地域おこし事業を目にしてきましたが、肝心なのは「2度目がある」かどうか。1度のイベントはできるんです。でも、その後も何かを続ける事例が思いのほか少ない。1度成功したプロジェクトにとって、最も大事なのは「次があること」でしょう。持続しないと意義が薄れるからです。

やはり以前にこのコラムで紹介した事例に、「八尾ブレンド」があります(136ページ)。北陸・富山県で積年のライバルだった2つの蔵が手を取り合い、昨年初めて完成させた日本酒。今年の商品化もすでに決まっています。2つの蔵が並び立つ地元では「おわら風の盆」という風情ある祭りが有名で、今年は3年ぶりの開催を目指しているそう。ならば「八尾ブレンド」も続けよう、となった。こうした姿勢は必ずや多くの人に響くはずです。

八丈レモンフェス、無事開催となったら今年も訪れてみますね。

地元店協力　見事な「2度目」

200ページで「地域おこし事業で肝心なのは、『2度目』があるかどうかだ」とつづりました。1度は成功できるんです。でも、次をなせるかが難しい。息切れしてしまうからなんですね。

昨年に続いて東京・八丈島で開催された「八丈レモンフェス」。そのオンライン配信イベントが先月末にあったので、現地を訪れました。繰り返しになりますが、この島のレモンは実力派なんです。大ぶりで、皮も身も香りが豊か。でもまだ知名度は低い。それをなんとか打開しようとの催しです。閉校となった小学校の教室を使い、オンライン配信が始まりました。リアルタイムの視聴者数は数十人程度。でも、音楽ライブあり、島内からの中継あり、と内容は凝っています。中継スタッフは地元の高校生たち＝写真。若い世代が参加する姿からは、島とレモンの未来をつくっていこうという気概が見て取れました。

私がうなったのは、第2回の「八丈レモンフェス」が配信だけに終わっていなかった点です。3週間ほど、島内16の飲食店が協力して、それぞれレモンを使った限定メニューを提供しています。

交渉は大変だったでしょう。でも「地魚の島レモングリル」や「カルパッチョ」など、どこも魅力的なメニューを出していました。しかも私が店々を訪れると、そこにいたお客がこうした料理をそろって注文していた。ちゃんと地元の人が振り向いているわけです。

オンライン配信で島の外に向けて情報拡散を試み、島で暮らす人には飲食店でアピール…。私には見事な「2度目」だったように映りました。必ずや第3回、第4回と続くでしょう。この取り組み、よその地域にとっても参考になる部分が多いはず。やれることからやる、という意味でもです。

2022/6/16

#魚の呼び名

「ビリ」は褒め言葉

今回は魚の話です。地域に根付く魚の呼称に触れてみましょう。

先日、四国・高知県の四万十市に出張した折、仕事仲間と夕食に訪れた飲食店で「ビリカツオ」に出合いました＝写真。この日のおすすめとして、その名が大きく書かれていたので、これはぜひ注文しないと、と思ったのですが、「ビリ」ってどういう意味なのか。同席した仕事仲間は「カツオの部位のこと？」と予想し、私は「名残（旬を終える時季）のカツオでは？」と想像しましたが、どちらもはずれでした。

お店の人に尋ねたら、正解は「その日、最後の最後に揚がったカツオ」。つまり、取れてから私たちの口に入るまでの時間がとても短いから、鮮度が抜群で身の硬直がまだ始まっていない。食べてみると、むっちりねっとりして、官能的といえるほどの味わいです。

「ビリ」と聞くと、よくない意味にも取れますが、最後の最後のビリだからこその価値があったのですね。地元の人はうまく表現したものです。

ほかにも、魚の名前で独特な話があったなあと思ったら、北陸・富山県の「ゲンゲ」という深海魚がそうでした。ゲンゲとは、もともと「下《げ》の下《げ》」という意味。買い手があまり付かない魚だったので、漁師さんがそう呼んでいたんです。ところが、この魚、焼いても、揚げても、みそ汁にしても、奥ゆかしいおいしさがある。ゲンゲはいつしか、「下の下」ではなく「幻魚」という字が当てられるようになりました。現在では、地元の人にも観光客にも愛される魚として評価されています。

「ビリ」は褒め言葉であり、「下の下」だったはずが「幻」と言われるほどに意味が変わる。魚の呼び名をめぐる逸話はけっこう奥深いなあと思わせます。

2022/8/18

＃岐阜の水うちわ

水うちわ

手に取って、暑さ忘れて

酷暑が続く夏ですね。もう少し続くかもしれず、本当に大変です。これまでは暑さに無頓着だった私も、今年はさすがに気をつけるようにしています。外出時には塩あめをカバンに忍ばせていますし、日焼け止めを手放さなくなりました。あと、汗をふく一枚も必携です。私は和柄の手ぬぐいを使っています。その日の服装に合わせて選ぶのは楽しいものです。「和のもの」といえば、先日、久しぶりに「水うちわ」を購入しました。仕事で岐阜市を訪れたので、これはいい機会だと…。

住井冨次郎商店は長良川に近い古い町並みのなかにあります。手づくりでうちわを製造し続けている貴重な一軒。穏やかな笑顔のご主人が迎えてくれます。

水うちわというのは、雁皮紙《がんぴし》と呼ばれる薄い和紙に天然のニスを塗って仕上げた一本です。絵柄がまたいいんです。以前、この店で購入したのはアサガオの柄でした。今回選んだのは金魚柄＝写真。絵が透かしのように入っているのが水うちわの持ち味で、それがまた涼しげです。3400円と安くはありません。ですが、これを手にすることで暑さを一瞬でも忘れられる気がします。

舟に乗って鵜飼を楽しむ折などに、人はこのうちわに川の水をつけてあおいだという話も残っています。それで今でも、水に浸してから使うのがいいと思っている方も少なくないようですが、ご主人によると、言い伝えの域を出ないらしい。「水につけてしまうと、せっかくのうちわが劣化しますからね」とのこと。

水に浸さずとも、手近に置いておくだけで、涼感は十分に得られるかも…。「風鈴の音色で暑さをしのぐのと似ていますね」とご主人は言います。光にかざすと美しい水うちわ。私は仕事場に飾りました。

名刺入れ　納得の新調

　皆さん、年明けに向けた準備は進めていますか。私はたったひとつだけですが実行しました。名刺入れの新調です。愛用していたものが相当くたびれたので、新年を機に替えようと決めました。

　これまで長く使っていたのは、兵庫県の姫路に本拠のある「ノーノーイエス」のブランド「所作」の名刺入れです。ずっと前にこのコラムでつづったこともありました（60ページ）。一枚革で成形された、ふくさのようなデザインが好きでした。

　さあ、今度は何を選ぶか。せっかくなので国内のブランドを候補にしたい。微力ながら応援消費として…。頭に浮かんだのはどれも、実力派の商品をつくるところ。

　まず、青森県の弘前にある「亀屋革具店」。大正初期から続く一軒で、オーダーメードによる洒《しゃ》脱《だつ》なカバンをすでに持っています。次に、東京の「土屋鞄製造所」です。ここのマネークリップを長く使っているのですが、どんどん味わいが出てきて、なかなかです。いや、もう一度「所作」を購入するという考えだってあります。

　悩みますね。で、結局選んだのは、北海道の名店「ソメスサドル」がつくる名刺入れでした＝写真。30代のころ「いつかここの商品を所有したいなあ」と思いながら、当時の私には手が出なかった記憶がよみがえったからです。かつては炭鉱で栄えた歌志内の街に元気がなくなった1964年に、新たな地場産業を育てねばと同社は創業しました。馬具の製造で一躍注目され、さらにはその技術を生かした革製品を数々生んでいます。ここの名刺入れ、1万3000円強と安くはありませんけれど、50代の今なら頑張れば買えます。

　決定的だったのは、私の好きな深い赤色があったことです。ワインレッドをした名刺入れ。元日から使い始めたいと思っています。

【商品名、その他モノ名称】

索引

【店、企業、施設等】

北村 森（きたむら・もり）

1966年富山県生まれ。慶應義塾大学法学部卒業。「日経トレンディ」発行人兼編集長を経て、2008年に独立。マーケティング研究に携わると同時に、地域ブランディング事業に全国各地で数々参画している。サイバー大学IT総合学部教授（商品企画論）。

小さな違いが、大きく化ける！

「当たり前」を疑う　産品づくり・まちおこし

——北村森のモノめぐり

2023年4月18日　初版第1刷発行

著　　者　北村　森
デザイン　辻恵里子（ニューカラー写真印刷株式会社）
制作・印刷　ニューカラー写真印刷株式会社
編　　集　田中玲子（中日新聞社出版部）
発 行 者　勝見啓吾
発 行 所　中日新聞社
460-8511 名古屋市中区三の丸一丁目6番1号
電話　052-201-8811（大代表）　052-221-1714（出版部直通）
郵便振替　00890-0-10
ホームページ　https://www.chunichi.co.jp/corporate/nbook

ISBN978-4-8062-0804-4　C0063